ବ୍ରହ୍ମ କମଳ

ବ୍ରହ୍ମ କମଳ

ସତ୍ୟ ନାରାୟଣ ପଟ୍ଟନାୟକ

ବ୍ଲାକ୍ ଇଗଲ୍ ବୁକ୍ସ
ଭୁବନେଶ୍ୱର, ଓଡ଼ିଶା

BLACK EAGLE BOOKS
Dublin, USA

ବ୍ରହ୍ମ କମଳ / ସତ୍ୟ ନାରାୟଣ ପଟ୍ଟନାୟକ

ବ୍ଲାକ୍ ଈଗଲ୍ ବୁକ୍ସ : ଭୁବନେଶ୍ୱର, ଓଡ଼ିଶା ● ଡବଲିନ୍, ଯୁକ୍ତରାଷ୍ଟ୍ର ଆମେରିକା

BLACK EAGLE BOOKS

USA address:
7464 Wisdom Lane
Dublin, OH 43016

India address:
E/312, Trident Galaxy, Kalinga Nagar,
Bhubaneswar-751003, Odisha, India

E-mail: info@blackeaglebooks.org
Website: www.blackeaglebooks.org

First International Edition Published by
BLACK EAGLE BOOKS, 2025

BRAHMA KAMAL
by **Satyanarayan Pattanayak**

Copyright © **Satyanarayan Pattanayak**

All rights reserved. No part of this publication may be reproduced, stored in a retrieval system, or transmitted, in any form or by any means, electronic, mechanical, photocopying, recording or otherwise without the prior permission of the publisher.

Cover & Interior Design: Ezy's Publication

ISBN- 978-1-64560-713-7 (Paperback)

Printed in the United States of America

ସୂଚିପତ୍ର

କବି ଓ କବିତା (ମୁଖବନ୍ଧ)	୦୭
ଗଣାଧି ପତୟେ ନମଃ	୧୩
ଅନ୍ତିମ ବିଦାୟ	୧୬
ବ୍ରହ୍ମ ଦର୍ଶନ	୧୯
ଏକାକୀ ପଥିକ	୨୩
ବର୍ଷଣ ମୁଖର ସନ୍ଧ୍ୟା	୨୬
ଗ୍ରୀଷ୍ମ ବର୍ଣ୍ଣନମ୍	୨୯
ଶ୍ରୀରାଧା ଉବାଚ	୩୨
ସତ୍ୟଂ, ଶିବଂ, ସୁନ୍ଦରଂ	୩୬
ଶୂନ୍ୟ ପଞ୍ଜୁରୀ	୪୦
ବସନ୍ତ ବର୍ଣ୍ଣନମ୍	୪୪
ଚାମଣ୍ଡା ଉଗ୍ର ପ୍ରଚଣ୍ଡା	୪୬
ବାହୁଡ଼ା ଯାତ୍ରା	୪୮
ଚିତ୍ତ ଚୋର ଚିତ୍ତ ରଞ୍ଜନ	୫୧
ଚିଲିକା	୫୪
ବର୍ଷା ବର୍ଣ୍ଣନମ୍	୫୭
ଫେରିଆ ମୋର କଳା କହ୍ନେଇଁ	୬୧
ହେ ଗୋପବନ୍ଧୁ କରୁଣାସିନ୍ଧୁ	୬୪
ବିଦାୟ ଅଭୟ ସିଂହ	୬୮
କୃଷ୍ଣ ଅର୍ଜୁନ	୭୦
ଆହା ମୋ ନନ୍ଦ ଘରେ ଗୋବିନ୍ଦ	୭୩

ସମ୍ବଲପୁରୀଆ ଭକ୍ତ	୭୫
ଅଶ୍ରୁ ତର୍ପଣ	୭୭
ସ୍ୱାଗତଂ ସତ୍ୟଯୁଗ	୮୦
ଶ୍ରାଦ୍ଧରେ ଶ୍ରଦ୍ଧା ନିବେଦନ	୮୩
ନିରୀହ କବି	୮୭
ସମ୍ବଲପୁରୀ ଯଶୋଦା	୯୦
ଝରାଫୁଲ	୯୨
ଗୁରୁ ଜ୍ଞାନମ୍	୯୪
ଭଗବାନଙ୍କ ପ୍ରଶ୍ନ	୯୬
ବିଦାୟ ମହାମାନବ	୯୯
ବଳଭଦ୍ରାୟ ନମଃ	୧୦୨
ମାତା କଦା କୁମାତା ନ ଭବତି	୧୦୫
ବିରଥ ସାରଥୀ	୧୦୭
ଚାଷୀର ସଂସାର	୧୦୯
ଅମୃତ ସନ୍ତାନ	୧୧୧
ମହର୍ଷି କାଲାମ	୧୧୪
ମା'ର ମମତା	୧୧୬
କରୋନା	୧୧୮
କିମିତି ଅଛ ?	୧୨୧
କବିର ଅକବି ଭାର୍ଯ୍ୟା	୧୨୩
ବାପା	୧୨୫
ଦାସିଆ ବାଉରୀ	୧୨୮
ଗୌରହରି ମାଷ୍ଟେ	୧୩୦
ଭଲ ବୋଉ	୧୩୪

କବି ଓ କବିତା

Sir, I admit you
general rule
That every poet is a fool
But you yourself may
serve to show it
That every fool is not a poet.
- Alexander Pope

ଅର୍ଥାତ୍ ଏହା ଗୋଟିଏ ସାଧାରଣ ନିୟମ ଯେ ପ୍ରତି କବି ଗୋଟିଏ ନିର୍ବୋଧ ବ୍ୟକ୍ତି କିନ୍ତୁ ପ୍ରତି ନିର୍ବୋଧ କବି ନୁହେଁ। ତମେ ଏହା ନିଜେ ସାବ୍ୟସ୍ତ କରିପାର। ପ୍ରତି କବି ନିର୍ବୋଧ କିପରି ? କବି ତେଲ ଲୁଣର ସଂସାରରେ ଚତୁର ନୁହେଁ। ସେ କବିତା ଲେଖିଲା ବେଳେ ଭଲ, ମନ୍ଦ, ଲାଭ କ୍ଷତି, ପୁରସ୍କାର ତିରସ୍କାରର ଆଶା ରଖି ହିସାବ କିତାବ କରି ପାଞ୍ଜି ଦେଖି ତିଥି, ବାର, ଲଗ୍ନ ଦେଖି ମାହେନ୍ଦ୍ର ବେଳାରେ କବିତା ଲେଖେ ନାହିଁ। ତାହା ଆପେ ଆପେ ତାର ହୃଦୟରୁ ନିଃସୃତ ହୋଇଯାଏ। କିପରି ?
Poetry is the Spontaneous over flow of powerful feelings.

- ୱାର୍ଡସ ୱାର୍ଥ

ଅର୍ଥାତ୍ ଏହା କବିତର ସ୍ୱତଃ ନିସୃତ ଶକ୍ତିଶାଳୀ ଭାବନା।

"Poetry is an elevated expression of lofty and powerful thoughts and metrical form. It is the honour of literature. Poetry consisted of the best words in the best order." - କଲେରିଜ୍
ଅର୍ଥାତ୍ କବିତା ହେଲା କବିର ଉଚ୍ଚ ଚିନ୍ତାଧାରାର ଦ୍ୟୋତକ ଉଚ୍ଚ ଚିନ୍ତାଧାରାର କବିତା ସାହିତ୍ୟର ସମ୍ମାନ ବୃଦ୍ଧି କରେ। କବି ତାର ଉଚ୍ଚ ଚିନ୍ତାଧାରାକୁ ଉପଯୁକ୍ତ ଶବ୍ଦ ସଂଯୋଜନା ସାହାଯ୍ୟରେ ପରିପ୍ରକାଶ କରେ।

ତେଣୁ ଶବ୍ଦ ଓ ଭାବ ଉଚ୍ଚ କୋଟୀର ନହେଲେ କବିତା ମଧ୍ୟ ଉଚ୍ଚକୋଟୀର ହୋଇପାରେ ନାହିଁ।

A Poet should be endowed with great imagination and executive powers. He should have wide and accurate knowledge of words, language and literature to express his splendid ideas in a dignifid and free form. Poetry should deal with life in its finer aspects.

ଅର୍ଥାତ୍ କବିର ଉଚ୍ଚ କଳ୍ପନା ଶକ୍ତି ଏବଂ ତାହାକୁ ପରିପ୍ରକାଶ କରିବା ନିମନ୍ତେ ଭାଷା, ସାହିତ୍ୟ ଓ ଶବ୍ଦ ସଂଯୋଜନା ଉପରେ ସାମର୍ଥ୍ୟ ଥିବା ଆବଶ୍ୟକ। ତାହାର ଉଚ୍ଚ ଚିନ୍ତାଧାରା କବିତାରେ ସମ୍ମାନଜନକ ଭାବେ ପ୍ରତିଫଳିତ ହେବା ଆବଶ୍ୟକ। ପରିମାର୍ଜିତ ଭାବରେ ଚିନ୍ତା ଓ ଚେତନା ପରିପ୍ରକାଶିତ ହେବା ଆବଶ୍ୟକ।

ଦିନ ଥିଲା କବିତା ମନୋରଞ୍ଜନର ପ୍ରଧାନ ମାଧ୍ୟମ ଥିଲା। ରୋଜଗାର ମାଧ୍ୟମ ଥିଲା। କବିର ସାମାଜିକ ସମ୍ମାନ ଓ ପ୍ରତିପତ୍ତି ଥିଲା। ବର୍ତ୍ତମାନ ଆଉ ସେ ଯୁଗ ନାହିଁ। ମନୋରଞ୍ଜନର ଅନେକ ମାଧ୍ୟମ ଖୋଲିଗଲାଣି। ସାହିତ୍ୟ ଠାରୁ ସମାଜ ଦୂରେଇ ଗଲାଣି। ଅବଶ୍ୟ ମୁଁ ଓଡ଼ିଆ ସାହିତ୍ୟ ଓ ସମାଜ କଥା କହୁଛି।

କବିତା ରଚନା କରିବା ଏକ ନୈସର୍ଗିକ କଳା ବୋଲି ଅନେକ ବିଶ୍ୱାସ କରନ୍ତି। ସମସ୍ତେ କବିତା ରଚନା କରି ପାରିବେ ନାହିଁ। ଉଚ୍ଚକୋଟୀର କବିତା ରଚନା କରିବା ପାଇଁ ଭାବନା ଉଚ୍ଚ ସ୍ତରରୁ ଆସେ। ତେଣୁ କବି ଅଭାବ, ଅନାଟନ, ଉତ୍ପୀଡ଼ନରେ ଘାଣ୍ଟି ହେଉଥିଲେ ମଧ୍ୟ କବିତାରେ ସଂକୀର୍ଣ୍ଣତା ଦୃଷ୍ଟିଗୋଚର ହୁଏ ନାହିଁ।

ବୋଇଲା,

"କବି କରୋତି ପଦ୍ୟାନି
ଲାଳୟେତ୍ ଉତ୍ତମ ଜନାଃ
ତରୁ ପ୍ରସୁତେ ପୁଷ୍ପାଣି
ମରୁ ଦ୍ୱହ୍ୟତି ସୌରଭମ୍।

ଅର୍ଥାତ୍ ଗଛରେ ଫୁଲ ଫୁଟିବ, କିନ୍ତୁ ତାହାର ସୁଗନ୍ଧକୁ ପବନ ବିସ୍ତାରିତ ନ କଲେ ତାହା ଅଜଣା ଅଶୁଣା ହୋଇ ରହିଯିବ। ଲୋକ ଲୋଚନର ଅଗୋଚରରେ ବଣମଲ୍ଲୀ ବଣରେ ଝଡ଼ିଯିବ।

କବି ପାଇଁ ପାଠକ ହେଲା ପ୍ରେରଣାର ଉତ୍ସ। ଯଦି କବିତାର ରସ ଗ୍ରାହକ ନଥିବେ ତେବେ କବି କରିବ କ'ଣ ?

"ରସିକ ଗ୍ରାହକ ବିନା ଜଗତେ
କବି ଶ୍ରମ କେ ବୁଝିବ ଯୁକତେ ?
କୋଟି କବି ଆୟୁ ଘେନି ପ୍ରଶସ୍ତେ
ଗୋଟିଏ ଗ୍ରାହକ ଥିବ କି ସୁସ୍ଥେ
କବିତ୍ୱ ରତ୍ନ ବାଣିଜ୍ୟ ମାନ,
କେବେ ହେଁ ହେବ ନାହିଁ ମ୍ଳାନ।

- ଦୀନକୃଷ୍ଣ ଦାସ "ରସ କେଲ୍ଲୋଳ"

ଗୋଟିଏ ପ୍ରଚଳିତ ଧାରଣା ଅଛିଯେ ବେକାର ଲୋକ ହିଁ କବିତା ଲେଖନ୍ତି। ଯଦି କିଛି ଧନ୍ଦା ନାହିଁ ତେବେ କରିବେ କ'ଣ, କବିତା ଲେଖିବେ। ସେଥିରେ କ'ଣ କୁଟୁମ୍ବ ପୋଷା ହେବ ? କବି କବିତା ଲେଖିବେ, ସମାଲୋଚକ ତାହାର ସମାଲୋଚନା କରିବେ। ସମାଲୋଚନା ମଧ୍ୟ ସାହିତ୍ୟର ଏକ ଅଙ୍ଗ। ଏହା ନିରପେକ୍ଷ ଓ ଯୁକ୍ତିଯୁକ୍ତ ହେବା ଆବଶ୍ୟକ। ସମାଲୋଚନା ସାହିତ୍ୟକୁ ମାର୍ଜିତ କରେ। ଅବଶ୍ୟ ସମାଲୋଚନାରେ ସମାଲୋଚକର ନିଜସ୍ୱ ଦୃଷ୍ଟି ଭଙ୍ଗୀ ପ୍ରତିଫଳିତ ହୋଇଥାଏ।

"ଅହୋ ସୁରମ୍ୟ ବନ୍ଦନାରବିନ୍ଦଂ
ସୁନାସିକା ବିମ୍ବଫଳ ଧରୋଷ୍ଠମ୍
ପ୍ରଫୁଲ୍ଲ ପଦ୍ମାୟତ ଲୋଚନାୟାଃ
ପୁଚ୍ଛଂ ବିନା ତୁଚ୍ଛ ଶରୀରମ୍।

ଅର୍ଥାତ୍ ରାବଣର ବିନାଶ ପରେ ମର୍କଟ ମାନେ ସୁନ୍ଦରୀ ସୀତାଙ୍କୁ ଦର୍ଶନ କରିବା ନିମନ୍ତେ ଇଛା ପ୍ରକଟ କଲେ। ସେ ପର୍ଯ୍ୟନ୍ତ ସୀତାଙ୍କୁ କେହି ଦେଖି ନଥିଲେ କାରଣ ସୀତା ଅଶୋକ ବନରେ ବନ୍ଦିନୀ ଥିଲେ। ସୀତାଙ୍କୁ ଦର୍ଶନ କରି ମର୍କଟମାନେ ଆହ୍ଲାଦିତ ହୋଇ କହିଲେ ସୀତାଙ୍କ ମୁଖ ମଣ୍ଡଳ ପଦ୍ମଫୁଲ ଭଳି ସୁନ୍ଦର, ନାସିକା ସୁଗଠିତ, ଅଧର ବିମ୍ବ ଫଳ ଭଳି ରକ୍ତିମ, ନୟନ ଆକର୍ଷଣୀୟ କିନ୍ତୁ ସବୁ ହେଲା ଯେ ଗୋଟିଏ କଥା ଅଭାବ ରହିଗଲା ନହେଲେ ସୌନ୍ଦର୍ଯ୍ୟ ଆହୁରି ବୃଦ୍ଧି ପାଇଥାଆନ୍ତା। ତାହାହେଲା ଗୋଟିଏ ଲାଙ୍ଗୁଡ଼ର ଅଭାବ। ଲାଙ୍ଗୁଡ଼ ନଥିବାରୁ ସୌନ୍ଦର୍ଯ୍ୟ ଟିକେ ଫିକା ପଡ଼ି ଯାଇଛି।

ବାନର ପ୍ରଜାତିର ଲାଙ୍ଗୁଡ଼ ଅଛି। ତେଣୁ ସେମାନଙ୍କର ବିଚାରରେ ଲାଙ୍ଗୁଡ଼ ହେଲା ସୌନ୍ଦର୍ଯ୍ୟର ଅନ୍ୟତମ ମାପକାଠି। ସେହିପରି କବି ତା' ହିସାବରେ ଲେଖେ, ସମାଲୋଚକ ତା' ହିସାବରେ ସମାଲୋଚନା କରେ। ପାଠକ କବିତାକୁ ଉପଭୋଗ କରେ। ସୁସ୍ୱାଦୁ ଖାଦ୍ୟ ଭୋଜନ କରିବା ଖାଦ୍ୟପ୍ରିୟର କାମ। ଖାଦ୍ୟର ଦୋଷ ଗୁଣ ବିଚାର କରିବା ସମାଲୋଚକର କାମ।

ବୋଇଲା

"ବିଦ୍ୱାନ ଜନଃ ବିଜାନାତି
ବିଦ୍ୱଜନ ପରିଶ୍ରମମ୍
ଗୁର୍ବି ପ୍ରସବ ବେଦନା"

ଅର୍ଥାତ୍ ପଣ୍ଡିତ ଲୋକ ବିଦ୍ୱାନର ପରିଶ୍ରମର ମୂଲ୍ୟାୟନ କରେ। ଶାସ୍ତ୍ର ରଚନା କରିବାଟା କେତେ କଷ୍ଟ ସେ ଜାଣେ, କିନ୍ତୁ ଜଣେ ଅପଣ୍ଡିତ ଲୋକ ତାହା ଜାଣିପାରେ ନାହିଁ। ଜଣେ ବନ୍ଧ୍ୟା କ'ଣ ପ୍ରସବ ବେଦନା କେତେ କଷ୍ଟଦାୟକ ଜାଣି ପାରିବ?

ଜଣେ ଅକବି କବିତା ଲେଖିବାର କଷ୍ଟ ଜାଣିପାରିବ ନାହିଁ। ତେଣୁ କବିକୁ ତାଚ୍ଛଲ୍ୟ କରିବ। ତାଚ୍ଛଲ୍ୟ କରିବାକୁ ସମାଲୋଚନା କୁହାଯିବ ନାହିଁ। ସମ୍ୟକ ଆଲୋଚନା ହିଁ ସମାଲୋଚନା।

କବି ଜୟଦେବ ଲେଖିଛନ୍ତି

"ଅରସିକେଷୁ ରସସ୍ୟ ନିବେଦନଂ
ମମ ଶିରସି ମା ଲିଖ ମା ଲିଖ"

ଅର୍ଥାତ୍ ଅରସିକକୁ ରସ ନିବେଦନ କରିବାର ବୁଦ୍ଧି ମୋର କପାଳରେ ଲେଖନାହିଁ। ଜୟଦେବଙ୍କ "ଗୀତ ଗୋବିନ୍ଦ" ଶୃଙ୍ଗାର ରସରେ ପରିପୂର୍ଣ୍ଣ। ତେଣୁ ଅରସିକ ଏହାର ରସକୁ ଗ୍ରହଣ କରି ନପାରି ନିଷ୍ଠୁର ସମାଲୋଚନା କରିବ। ବାକ୍ୟବାଣରେ କବିକୁ ଆହତ କରିବ। ତେଣୁ ଏପରି ଅରସିକ ହାତରେ ରସ କବିତା ପଡ଼ିବା ଏକ ଦୁର୍ଭାଗ୍ୟ।

ବର୍ତ୍ତମାନ କବିତାର ଅବକ୍ଷୟ ଘଟିଛି। ୧୯୬୦ ମସିହା ପରେ ଆଧୁନିକ କବିତା ନାମରେ ଉଦ୍ଭଟ କବିତା ସବୁ ଲେଖା ଯିବାରୁ କବିତା ସମାଜ ଠାରୁ ଦୂରେଇ ଗଲା। ଚାହିଦା ନଥିବାରୁ ପ୍ରକାଶକମାନେ କବିତା ଗ୍ରନ୍ଥ ଛାପିଲେ ନାହିଁ। ଯଦି ଛାପିଲେ କବିଠାରୁ ପ୍ରକାଶନ ଖର୍ଚ୍ଚ ନେଇ ଛାପିଲେ କବିକୁ ରୟାଲଟି ଦେବା ତ ଦୂରର କଥା। ପ୍ରକାଶକମାନଙ୍କ ଠାରୁ ସରକାର ପାଠାଗାରମାନଙ୍କୁ ଦେବାକୁ କିଛି ବହି ଯଦି କ୍ରୟ କଲେ ତେବେ ପ୍ରକାଶନର କିଛି ଖର୍ଚ୍ଚ ଉଠିବ ତ ଉଠିବ ନଚେତ୍ ନାହିଁ। ସେହି କିଛି ଖର୍ଚ୍ଚରେ କବି ବା ଲେଖକର ଭାଗ ନାହିଁ।

କବିତା କବିକୁ ରୋଜଗାର ଦେଇ ପାରୁନାହିଁ। ନିଜ ଖର୍ଚ୍ଚରେ ଦୁଇ ଚାରିଖଣ୍ଡ ବହି ଛାପିଲେ ବିଲବାଡ଼ି ଘରଦ୍ୱାର ବନ୍ଧା ବା ବିକ୍ରୀ ହୋଇ ଯାଉଛି। ମାଗଣା ବାଣ୍ଟିଲେ ମଧ୍ୟ କେହି ନେଉ ନାହାନ୍ତି। ଯେହେତୁ ପାଠକ ସାହିତ୍ୟଠାରୁ ଦୂରେଇ ଗଲେଣି ତେଣୁ ସାହିତ୍ୟ ପାଠକର ନିକଟତର ହେବାକୁ ପଡ଼ିବ। ସରକାର ସରକାରୀ କର୍ମଚାରୀମାନଙ୍କୁ ବାଧ୍ୟତା ମୂଳକ ଭାବେ ଏକ ହଜାର ଟଙ୍କା ମୂଲ୍ୟର ମନପସନ୍ଦର ସାହିତ୍ୟ ବହି

ଯୋଗାଇ ଦେଲେ ଗଳ୍ପ, କବିତା, ଉପନ୍ୟାସ ଆଦି ପାଞ୍ଚଲକ୍ଷ ସରକାରୀ କର୍ମଚାରୀଙ୍କ ଘରେ ପହଞ୍ଚି ଯିବ । ସେମାନେ ତାହାକୁ ନିଜେ ପଢ଼ି ପାରିବେ, ଉପହାର ଦେଇପାରିବେ ବା ଘରେ ପାରିବାରିକ ପାଠାଗାର କରି ପାରିବେ । ଫଳରେ ପ୍ରକାଶନ ଶିଳ୍ପ ଚଳଚଞ୍ଚଳ ହୋଇଯିବ ଓ କବି ଲେଖକମାନେ କିଛି ରୟାଲିଟି ପାଇବେ ।

ଗଙ୍ଗାଧର ମେହେର ଲେଖିଛନ୍ତି

"ମାତୃ ଭାଷା ପୋଥି ଛୁଇଁବାକୁ କରେ
କହ କେଉଁ ଜାତି ଲଜ୍ଜା ବୋଧକରେ ?"

କେବଳ ଓଡ଼ିଆ ବିଶ୍ୱ ବିଦ୍ୟାଳୟ, ଓଡ଼ିଆ ଭାଷା ପ୍ରତିଷ୍ଠାନ, ଓଡ଼ିଆ ଅସ୍ମିତା ଭବନ କରିଦେଲେ ଭାଷା ପ୍ରୀତି ବୃଦ୍ଧି ପାଇ ଯିବନାହିଁ । ସେଥିପାଇଁ ମାନସିକତାରେ ପରିବର୍ତ୍ତନ ଆବଶ୍ୟକ । ସେଥିପାଇଁ ଘରେ ଘରେ ଓଡ଼ିଆ ପୋଥି ପହଞ୍ଚିଯିବା ଆବଶ୍ୟକ । ପଇସା ଦେଇ କିଣିଥିଲେ ଲୋକେ ପଢ଼ିବା ପାଇଁ ବାଧ ହେବେ । ସରକାର କିଣି ମାଗଣା ବାଣ୍ଟିଲେ ଲୋକେ ଦୋକାନରେ କେ.ଜି. ଦରରେ ବିକ୍ରୀ କରିଦେବେ । ପ୍ରତି ଅଫିସକୁ ନିର୍ଦ୍ଦେଶନାମା ଜାରୀ କରିବାପାଇଁ ସରକାରଙ୍କୁ ଅର୍ଥବ୍ୟୟ କରିବାକୁ ପଡ଼ିବ ନାହିଁ । କେବଳ ଯାହା ପୋଷ୍ଟାଲ୍ ଧର୍ମ୍ମ ବହନ କରିବାକୁ ପଡ଼ିବ ।

ଇଟା, ସିମେଣ୍ଟରେ ବଡ଼ ବଡ଼ ଭବନ ନିର୍ମାଣ କରିଦେଲେ ସାହିତ୍ୟର ଉନ୍ନତି ହୋଇଯିବ ନାହିଁ । ସେଥିପାଇଁ ଲୋକଙ୍କର ମାନସିକତା ଓ ସରକାରଙ୍କର ଦୃଢ଼ ଇଚ୍ଛାଶକ୍ତି ଲୋଡ଼ା । ୧୯୫୪ ମସିହାରୁ ଭାଷା ଆଇନ୍ ପ୍ରଣୀତ ହୋଇଥିଲେ ମଧ୍ୟ ଆଜିପର୍ଯ୍ୟନ୍ତ ଓଡ଼ିଆ ଭାଷା ଦପ୍ତରର ଭାଷା ହେଇପାରୁ ନାହିଁ କାହିଁକି ? କାରଣ ଦପ୍ତରରେ ପ୍ରଚଳିତ ଇଂରାଜୀ ଶବ୍ଦର ପ୍ରତିଶବ୍ଦ ଠିକ୍ ଭାବରେ ପ୍ରସ୍ତୁତ କରାଯାଇ ପାରୁନାହିଁ । ସେଥିପାଇଁ ତାହା ଗ୍ରହଣୀୟ ହୋଇପାରୁ ନାହିଁ । ସେଥିରୁ ଲୋକେ କିଛି ବୁଝି ପାରୁନାହାନ୍ତି । ଓଡ଼ିଆ ଟାଇପ୍ ରାଇଟର୍ ଖତ ହୋଇଗଲାଣି ।

ଇଂରାଜୀ ମାଧ୍ୟମ ବିଦ୍ୟାଳୟ ମାନ ବ୍ୟାପି ଚାଲିଛି । କିନ୍ତୁ ସେଥିରେ ଓଡ଼ିଆ ଗୋଟିଏ ବାଧ୍ୟତାମୂଳକ ବିଷୟ ନୁହେଁ । ନିମନ୍ତ୍ରଣ ମଧ୍ୟ ଇଂରାଜୀରେ ଛାପା ଯାଉଛି । ପିଲାମାନଙ୍କ ସହ ମା' ମାନେ ଖଣ୍ଡି ଇଂଗ୍ଲିସ୍‌ରେ କଥା ହେଉଛନ୍ତି । ଏଥିରେ ଭାଷାର ଉନ୍ନତି ହେବ କିପରି ?

■

ଗଣାଧି ପତୟେ ନମଃ

ଓଁ ନମୋ ଗଣେଶ ବିଘ୍ନେଶ
 ଗଜାନନ ଗିରିଜା ନନ୍ଦନ
ହେ ପାଶ ଅଙ୍କୁଶ ଧାରୀ
 ବିଦ୍ୟାଦାତା କମଳ ନୟନ

ହେ ସଜ ଗୋଲାପ ବର୍ଣ୍ଣ
 ଏକ ଦନ୍ତ ପ୍ରବଳ ବିକ୍ରମ
ଗଣନାଥ ଅଗ୍ରପୂଜ୍ୟ
 ଲମ୍ବୋଦର ଦେବତା ଉତ୍ତମ

ଯୁଗେ ଯୁଗେ ଛାତ୍ର ଛାତ୍ରୀ
 ଗାଉଥିବେ ତବ କିର୍ତ୍ତୀ ଗାଥା ।
ବିଦ୍ୟାବଳ ଶ୍ରେଷ୍ଠବଳ
 ତୁମେ ଦିଅ ଏ ମହାନ ବାର୍ତ୍ତା ।

ସବୁରି ଉପରେ ବିଦ୍ୟା
 ଧନ, ଜନ, ଯଉବନ ମିଛ
ବିଦ୍ୟା ଦିଏ ଦିବ୍ୟ ଜ୍ଞାନ
 ବିଦ୍ୟା ବିନା ଜୀବନଟା ତୁଚ୍ଛ ।

ଜ୍ଞାନ ନେତ୍ର ନାହିଁ ଯାର
ଅନ୍ଧ ସେହି ପଶୁଠାରୁ ହୀନ
ବିଦ୍ୟାପତି, ବିଦ୍ୟା ଦିଅ
ଧନ୍ୟ ହେଉ ବିଦ୍ୟାର୍ଥୀ ଜୀବନ।

ସୂଚନା:-
"ବନ୍ଦଇ ଶ୍ରୀ ବିଘ୍ନରାଜ ସିଦ୍ଧି ବିନାୟକ
ସର୍ବ ବିଘ୍ନ ବିନାଶକ ମଙ୍ଗଳ ଦାୟକ
ଯଜ୍ଞ କର୍ମ ବିଧାନେ ତୁ ଆଗେ ପୂଜାପାଉ
ଶିବ ଗଣ ମଧ୍ୟେ ଗଣନାଥ ତୁ ବୋଲାଉ
କାମନା ପୂରଣେ ଜନ ଯେବେ ତୋତେ ଧ୍ୟାୟେ
ଶୁଦ୍ଧ ମନେ ପୂଜାକଲେ କାର୍ଯ୍ୟ ସିଦ୍ଧ ହୁଏ।
(କେଶବ ରାମାୟଣ, ଆଦିକାଣ୍ଡ, ଗଣେଶ ବନ୍ଦନା)
"ଗଞ୍ଜାମ ଜିଲ୍ଲା ପାଲୁରୁ ଗଡ଼ ନିବାସୀ
କେଶବ ପଟ୍ଟନାୟକଙ୍କ ନୃତ୍ୟ ରାମାୟଣ
(କେଶବ ରାମାୟଣ)

ଓଡ଼ିଶାରେ "ବିଚିତ୍ର ରାମାୟଣ" ଠାରୁ ଅଧିକ ଲୋକପ୍ରିୟ। କେଶବ ରାମାୟଣର ଯାତ୍ରାଭିନୟ ଅତୀବ ଚିତ୍ତାକର୍ଷକ। କେଶବ ରାମାୟଣ ଏକ ସ୍ୱାଭାବିକ କବିର ସ୍ୱର୍ଣ୍ଣ ସ୍ପର୍ଶରେ ମନୋହର ହୋଇ ଉଠିଛି।" (ଓଡ଼ିଶା ସାହିତ୍ୟର ଇତିହାସ, ଲେଖକ ଡକ୍ଟର ମାୟାଧର ମାନସିଂହ, ପୃଷ୍ଠା ୧୩୨)

କବି କେଶବଙ୍କ ଗ୍ରାମ ପାଲୁରୁ ଠାରୁ କବି ଡକ୍ଟର ମାୟାଧର ମାନସିଂହଙ୍କର ଗ୍ରାମ ନନ୍ଦଳା ମାତ୍ର ୫ କିଲୋମିଟର ଦୂର। ତେଣୁ ମାୟାଧର ମାନସିଂହ ନିଜ ଗ୍ରାମକୁ ପାଲୁରୁ ବାଟେ ହିଁ ଗମନାଗମନ କରନ୍ତି। ତେଣୁ କେଶବ ରାମାୟଣ ବିଷୟରେ ସଂପୂର୍ଣ୍ଣ ଅବଗତ। ଏହି ରାମାାୟଣର ଭାଷାର କୋମଳତା ଅଦ୍ୱିତୀୟ। ତେଣୁ ମାନସିଂହ "ଓଡ଼ିଆ ସାହିତ୍ୟର ଇତିହାସରେ ଅନ୍ୟ ରାମାୟଣ ସହ ଅଧିକ ତୁଳନାତ୍ମକ ଆଲୋଚନା କଲେ ଭଲ ହୋଇଥାଆନ୍ତା।

ପ୍ରତ୍ୟେକ ପୂଜାପାଠ ଶ୍ରୀଗଣେଶରୁ ଆରମ୍ଭ ହୁଏ, କାରଣ ସେ ସର୍ବବିଘ୍ନ ବିନାଶକ, ସର୍ବମଙ୍ଗଳ କାରକ। ବେଦଯୁଗରୁ ଆଜି ପର୍ଯ୍ୟନ୍ତ ସେ ହିଁ ଅଗ୍ରପୂଜ୍ୟ ହୋଇ ରହିଛନ୍ତି। ଯଜ୍ଞ କର୍ମରେ'ଗଣନାଂ ତ୍ୱଂ ଗଣପତି ଗୁମ୍ ହବାମହେ' କହି ପ୍ରଥମେ ଆବାହନ

କରାଯାଏ। ବେଦ ଯୁଗର ଦେବତା ଯଥା- ଇନ୍ଦ୍ର, ଅଗ୍ନି, ବରୁଣ, ସୂର୍ଯ୍ୟ, ଆଦିତ୍ୟ ଗଣ, ଉଷା, ପୁଷା, ବାୟୁ, ସୋମ ଅଦିତି, ଅଗ୍ନି ବରୁଣ, ରୁଦ୍ରଗଣ, ବସୁଗଣଙ୍କର ପୂଜା ପ୍ରାୟ ନାହିଁ କହିଲେ ଚଳେ କିନ୍ତୁ ଗଣେଶ ପ୍ରତ୍ୟେକ ଶୁଭ କର୍ମରେ ସେ କାଳରୁ ଏ କାଳ ପର୍ଯ୍ୟନ୍ତ ଆଧିପତ୍ୟ ବିସ୍ତାର କରି ରହିଛନ୍ତି। ବେଦଯୁଗ, ଉପନିଷଦ ଯୁଗ ପରେ ପୁରାଣ ଯୁଗରେ ତାଙ୍କର ଉତ୍ପତ୍ତି ଓ ଶକ୍ତି ସମ୍ପର୍କରେ ବିଶଦ ବର୍ଣ୍ଣନା ରହିଛି। ତେଣୁ ଆମର କବିତା ପୁସ୍ତକଟି ମଧ୍ୟ ଗଣେଶ ବନ୍ଦନାରୁ ଆରମ୍ଭ ହୋଇଛି।

■

ଅନ୍ତିମ ବିଦାୟ

ଉଡ଼ିଲାଣି ଏବେ ସବୁଜ ପତାକା
ବାଜେ ହୁଇସିଲ୍ ଛାଡ଼ିବ ଗାଡ଼ି
ଗାଧୋଇ ପାଧୋଇ ସଜବାଜ ହୋଇ
ଯିବା ପାଇଁ ଏବେ ହେଲି ମୁଁ ରେଡ଼ି।

ଆଉ କାହିଁପାଇଁ ଭିଡ଼ି ଧରିଛୁ ମା
ମୁଣ୍ଡ କୋଡ଼ି ହୋଇ କାନ୍ଦୁଛୁ କେତେ
ଏ ଶୀତ ରାତିରେ ଗୀତ ଗାଏ ପେଚା
ଭେରଣ୍ଡା ଡାକୁଚି ଶ୍ମଶାନ ପଥେ।

ଶେଯ ସୁପାତିରେ ଶୁଆଉଥିଲୁ ମା
ଜଗି ରହୁଥିଲୁ ଦିନ ଓ ରାତି
ଆଜି ଠାରୁ ଗାତ ଭିତରେ ଶୋଇବି
ଶ୍ମଶାନରେ କେହି ନଥିବେ ସାଥି।

ଭୋକ ହେଲେ କେହି ଖୁଆଇ ନ ଦେବେ
ଶୋଷ ହେଲେ କେହି ନ ଦେବେ ଜଳ
ଭୂତ ପ୍ରେତ ମେଳେ ଦିନ କଟିଯିବ
ଘୂରି ବୁଲୁଥିବେ ଶ୍ୱାନ ଶୃଗାଳ।

ଆସିବା ବେଳେ ମୁଁ କାଟି ଆଣିଥିଲି
ଫେରନ୍ତା ଟିକଟ ଯାଉଛି ଚାଲି
ଅଳପ ଦିନର ଗଳପ ରଚି ମୁଁ
ତୋ'ଠାରୁ ମାଆଲୋ ବିଦାୟ ନେଲି ।

ମୋ ପାଇଁକି ଦିନ ରାତି ଏକ କଲୁ
କେତେ ନାମୀ ଦାମୀ ଚିକିତ୍ସା ହେଲା
ବିଧିର ବିଧାନ କେ କରିବ ଆନ
ଅକାଳରେ ମୋର ଜୀବନ ଗଲା ।

ଯାଉଛି ମାଆଲୋ ମନେ ରଖିଥିବୁ
ଆଜିଠୁ ମଶାଣି ନୂଆ ଠିକଣା
ନିଝୁମ୍ ରାତିରେ ପ୍ରବଳ ଶୀତରେ
ଶୋଇବି ଗାତରେ ହୋଇ ଅଜଣା ।

ଆଜି ମୋର ଏହି ବିଦାୟ ରଜନୀ
ହାତ ଠାରି ମତେ ଡାକେ ମଶାଣି
ଶବ ଯାତ୍ରୀ ଦଳ ହେଲେଣି ବ୍ୟାକୁଳ
ନେଉଛି ବିଦାୟ ଦିଏ ମେଲାଣି ।

ସୂଚନା:-

ଶ୍ରବଣ କୁମାର ଶ୍ରାବଣ ମାସରେ ଆସିଥିଲା, ମାର୍ଗଶୀର ମାସରେ ୨୨.୧୨.୨୦୦୬ ରେ କଟକ ଶିଶୁ ଭବନରେ ଚିକିତ୍ସିତ ହେଉଥିବା ସମୟରେ ଚାଲିଗଲା । କଳାହାଣ୍ଡି ମଦନପୁର ରାମପୁରରେ ଶବ ଆସି ପହଞ୍ଚିଲା ବେଳକୁ ରାତି ଏଗାର । କ୍ରନ୍ଦନର କୋଳାହଳ ମଧ୍ୟରେ ଶବଯାତ୍ରା ଆରମ୍ଭ ହେଲା ଉତ୍ତେଇ ନଦୀ କୂଳସ୍ଥ ଶ୍ମଶାନ ଅଭିମୁଖେ । ମା' ତାର ଏକମାତ୍ର ଶିଶୁ ସନ୍ତାନକୁ ହରାଇ ଶବକୁ ମଧ୍ୟ ଭିଡ଼ି ଧରି ଛାଡୁ ନଥିଲା । ସେ ଦାରୁଣ କରୁଣ ମୁହୂର୍ତ୍ତରେ ମୁଁ ଉପସ୍ଥିତ ଥିଲି । ଶବଯାତ୍ରା ପରେ ପ୍ରାୟ ରାତି ଦୁଇଟାରେ ଘରକୁ ଆସି ଦେଖେତ ଗୋଟିଏ ଭେରଣ୍ଡା ବିଲୁଆ ମୋ ବାରିରେ ପ୍ରବେଶ କରି ଭୀଷଣ ଚିତ୍କାର କରୁଛି ।

ଶୃଗାଳ, ଶାଗୁଣା ଇତ୍ୟାଦି ପଶୁପକ୍ଷୀମାନେ ଗୋଟିଏ ଲୋକର ମୃତ୍ୟୁ ସୂଚନା ବହୁ ପୂର୍ବରୁ ପାଇ ଭୁରି ଭୋଜନ ଆଶାରେ ଚଳଚଞ୍ଚଳ ହୋଇ ଯାଆନ୍ତି। ସେମାନେ ପ୍ରେତ, ପିଶାଚ ଆଦି ଅଶରୀରିମାନଙ୍କୁ ଦେଖି ପାରନ୍ତି। ସେମାନଙ୍କ ଠାରୁ ଏହି ବିଭୂତି ଲାଭ କରିବା ନିମନ୍ତେ ତାନ୍ତ୍ରିକମାନେ ନିର୍ଜନ ଶ୍ମଶାନରେ ସେହି ପଶୁ ପକ୍ଷୀମାନଙ୍କର ସାନ୍ନିଧିରେ ସାଧନା କରି ତ୍ରିକାଳଜ୍ଞ ହୋଇ ପାରନ୍ତି।

କଟକ ଶିଶୁ ଭବନରେ ଶ୍ରବଣ କୁମାରର ଚିକିତ୍ସା ହୋଇ ପାଣି ପରି ଅର୍ଥ ବ୍ୟୟ କରା ଯାଇଥିଲା। ତଥାପି କାଳ ଛଞ୍ଚାଣ ତାକୁ ଝାମ୍ପିନେଲା। ନାମୀ ଦାମୀ ଡାକ୍ତରମାନେ ରକ୍ଷା କରି ପାରିଲେ ନାହିଁ।

"ବୈଦ୍ୟରାଜ ନମସ୍ତୁଭ୍ୟଂ
ଯମରାଜ ସହୋଦରଃ
ଯମ ହରୟତି ପ୍ରାଣଂ
ବୈଦ୍ୟ ଧନ ପ୍ରାଣାନିଚ।"

ଅର୍ଥାତ୍ ହେ ବେଦ୍ୟରାଜ! (ଚିକିତ୍ସକ) ତୁମ୍ଭଙ୍କୁ ନମସ୍କାର। ତୁମେ ହେଉଛ ଯମ ରାଜାଙ୍କର ସାନଭାଇ କାରଣ ଯମ କେବଳ ଜୀବନ ନିଅନ୍ତି କିନ୍ତୁ ଡାକ୍ତର ଧନ ଜୀବନ ଦୁଇଟି ଯାକ ନିଏ। ଶିଶୁ ଭବନରେ ଶ୍ରବଣ କୁମାରର ଧନଜୀବନ ଦୁଇଟିଯାକ ଗଲା। ଝୁରି ହେବାପାଇଁ ମୁଁ କେବଳ ରହିଗଲି।

ଆଜି ତା'ର ମା' ଅର୍ଥାତ୍ ମୋର ବଡ଼ଝିଅ ତା'ର ଏକମାତ୍ର ପୁତ୍ରର ଫଟୋରେ ଫୁଲ ଚନ୍ଦନ ଦେଇ ଅଶ୍ରୁ ବିସର୍ଜନ କରେ। ଶ୍ରବଣ କୁମାରର ଦୁଇ ଭଉଣୀ ପ୍ରତିବର୍ଷ ରାକ୍ଷୀ ପୂର୍ଣ୍ଣିମାରେ ଫଟୋରେ ରାକ୍ଷୀ ବାନ୍ଧି କଇଁ କଇଁ ହୋଇ କାନ୍ଦନ୍ତି। ତାର ପ୍ରତି ଜନ୍ମଦିନରେ ଅନାଥାଶ୍ରମ ଯାଇ ଅନାଥ ପିଲାମାନଙ୍କୁ ଭୋଜନ ଦିଅନ୍ତି।

ମୋ ଝିଅର ଆଉ ପୁଅ ନାହିଁ। ମୋର ନାତୁଣି ମାନଙ୍କର ଆଉ ଭାଇ ନାହିଁ। ସେମାନଙ୍କର ଆର୍ତ୍ତ ବିଳାପ ଶୁଣି ମୋର ବକ୍ଷ ବିଦୀର୍ଣ୍ଣ ହୋଇ ଯାଉଛି।

ସ୍ମୃତି ତ କଦାପି
ନୁହେଁ ଫିଙ୍ଗିବାର
ଫିଙ୍ଗି ପାରିଲେ ସେ
ଲଭନ୍ତା ନିସ୍ତାର (ରାଧାନାଥ)

ହେ ଭଗବାନ୍! ମତେ ମଧ୍ୟ ଅନ୍ତିମ ବିଦାୟ ଦିଅ।

■

ବ୍ରହ୍ମ ଦର୍ଶନ

ସେ ତ ଫୁଲ ସାଥେ ଖେଳେ
ମଞ୍ଜୁ ପ୍ରଭାତେ
ସେ ତ ଜହ୍ନ ହୋଇ ନାଚେ
ଜୋଛନା ରାତେ ।
ମନ୍ଦ ମନ୍ଦ ପବନ ସେ
ମହ ମହ ଚନ୍ଦନ
ଝର ଝର ଝରଣା ସେ
କାନନ ପଥେ
ସେ ତ ଗଗନର ତାରା
ଆକାଶ ପାରା
ଶ୍ରାବଣର ଧାରା ସେ ତ
ବୈଶାଖ ଖରା ।
ମଳୟ ପବନ ସେ ତ
ମଧୁ ବସନ୍ତେ ।
ଫିକି ଫିକି ହସୁଥାଏ
ଟିକି ଚଢ଼େଇ
ଝିକି ମିକି ଖସୁଥାଏ
କରକା ହୋଇ
ସୁନାର ଫସଲ ସେ ତ
ରୂପାର କ୍ଷେତେ ।

ହୃଦୟରେ ସ୍ନେହ ହୋଇ
ଥାଏ ସେ ରହି
ପର ଦୁଃଖେ ଲୁହ ହୋଇ
ଯାଏ ସେ ବହି

ଭସାଏ ଜଗତ ସେ ତ
କରୁଣା ସ୍ରୋତେ
ସେ ତ ଫୁଲ ହୋଇ ଖେଳେ
ମଞ୍ଜୁ ପ୍ରଭାତେ ।

ସୂଚନା

ଏ ଜଗତ ହେଲା ବ୍ରହ୍ମମୟ, ତେଣୁ ବ୍ରହ୍ମଙ୍କୁ ଖୋଜିବା ପାଇଁ ବଣ ଜଙ୍ଗଲରେ ବୁଲିବାର ଆବଶ୍ୟକତା ନାହିଁ ।

"ବ୍ରହ୍ମ ନାମ ମହାମନ୍ତ୍ର
କରରେ ଗ୍ରହଣ
ବ୍ରହ୍ମ ରୂପୀ ସମୁଦ୍ରରେ
ହୁଅ ବେଗେ ନିମଗନ ।
ଭୂଲୋକେ ତ୍ରିଲୋକେ ବ୍ରହ୍ମ
ସାଗରେ, ପର୍ବତେ ବ୍ରହ୍ମ
ଜଳେ ବ୍ରହ୍ମ, ସ୍ଥଳେ ବ୍ରହ୍ମ
ବିଶ୍ୱ ବ୍ରହ୍ମ ନିକେତନ
ଶୋଣିତେ, ନିଃଶ୍ୱାସେ ବ୍ରହ୍ମ
ସର୍ବ ଇନ୍ଦ୍ରିୟରେ ବ୍ରହ୍ମ
ବୁଦ୍ଧି ହୃଦୟରେ ବ୍ରହ୍ମ
ବ୍ରହ୍ମମୟ ଦେହ ମନ ।
(ଭକ୍ତ କବି ମଧୁ ସୂଦନ ରାଓ)

ବ୍ରହ୍ମଙ୍କର ବ୍ୟାପକତା ବୁଝି ନ ପାରି କ୍ଷୁଦ୍ର ବୁଦ୍ଧି ମଣିଷ ମାନେ ନିଜ ନିଜର ଭଗବାନ ସୃଷ୍ଟି କରି ପରସ୍ପର ସହ ବିବାଦରେ ମତ୍ତ ଅଛନ୍ତି । ସଂଘର୍ଷ, ଅଶାନ୍ତି, ହିଂସା, ଅସହିଷ୍ଣୁତାକୁ ସେମାନେ ଧର୍ମ୍ମ ବୋଲି ବୁଝନ୍ତି ।

"ମନ୍ଦିର, ମସ୍‌ଜିଦ୍, ଗୁରୁଦ୍ୱାର ମେ ବାଣ୍ଟ୍ ଦିଆ ଭଗବାନ୍ କୋ।
ଧରତୀ ବାଣ୍ଟା, ଆକାଶ୍ ବାଣ୍ଟା, ମତ୍ ବାଣ୍ଟୋ ଇନ୍‌ସାନ୍ କୋ।

ଧର୍ମ୍ମ ଯୋଗୁଁ ଆଜି ପୃଥିବୀ ଅଶାନ୍ତ ହୋଇ ଯାଇଛି। ବ୍ରହ୍ମ ପରିବର୍ତ୍ତେ ଆଜି ସାଂପ୍ରଦାୟିକ ଭଗବାନ ମାନେ ମୁଣ୍ଡ ଟେକିଛନ୍ତି।

ବ୍ରହ୍ମଙ୍କର ବିଭିନ୍ନ ଶକ୍ତିକୁ ମଣିଷ ବିଭିନ୍ନ ଦେବ ଦେବୀ ରୂପେ ପୂଜାକରେ।

"ଏକୈବ ଶକ୍ତି ପରମେଶ୍ୱରସ୍ୟ
ବିଭିନ୍ନା ଭବନ୍ତି ବ୍ୟବହାର କାଳେ
ଭୋଗେ ଭବାନୀ ପୁରୁଷେଷୁ ବିଷ୍ଣୁଃ
କୋପେ ଚ କାଳୀ, ସମରେ ଚ ଦୁର୍ଗା।

ସେ ବ୍ରହ୍ମ ସମଗ୍ର ବ୍ରହ୍ମାଣ୍ଡରେ ପୂରି ରହିଛନ୍ତି। ତେବେ ତାଙ୍କର ମୂଳ ଉତ୍ସଟା କେଉଁଠି ?

"ନ ତତ୍ର ସୂର୍ଯ୍ୟୋଭାତି ନ ଚନ୍ଦ୍ରଃ ନ ତାରକା
ନେମା ବିଦ୍ୟୁତୋଭାନ୍ତି କୁତୋଽୟ ଅଗ୍ନିଃ ?
ତବ ଭାନ୍ତ ମନୁଭାତି ସର୍ବଂ
ତସ୍ୟ ଭାସା ସର୍ବମିଦଂ ବିଭାତି
(କଠୋପନିଷଦ)

ଅର୍ଥ:- ବ୍ରହ୍ମାଣ୍ଡରେ କୋଟି କୋଟି ଗ୍ରହ, ମହାଗ୍ରହ, ଉପଗ୍ରହ ଘୂର୍ଣ୍ଣନ କରୁଛନ୍ତି। ଏ ଜଗତର ଗୋଟିଏ ସୀମା ଅଛି। ସୀମା ପରେ ଆଉ କିଛି ନାହିଁ, ତଥାପି ଏହା ଏକ ଅତି ଉଜ୍ଜ୍ୱଳମୟ ସ୍ଥାନ। ଏହିଠାରେ ବ୍ରହ୍ମଙ୍କ ନିବାସ।

ଓଁ ଗୌର ଚତୁର୍ଭୁଜ ବିଷ୍ଣଃ
ଶଙ୍ଖ, ଚକ୍ର, ଗଦାୟୁଧଃ
ପୂର୍ବ ଦ୍ୱାରେ ଦ୍ୱାରପାଳ
ନାନା ରତ୍ନୋପ ଶୋଭିତ
କୃଷ୍ଣ ଚତୁର୍ଭୁଜ ବିଷ୍ଣୁଃ
ପଶ୍ଚିମ ଦ୍ୱାରପାଳକଃ
ଶଙ୍ଖ, ଚକ୍ର, ଗଦା, ପଦ୍ମ
କୀରିଟାଦି ବିଭୁଷିତଃ

ରକ୍ତ ଚତୁର୍ଭୁଜ ବିଷ୍ଣୁଃ
　　　　ଶଙ୍ଖ, ଚକ୍ର, ଗଦାଧରଃ
କୀରିଟୋ କୁଣ୍ଡଳ ଦୀପ୍ତ
　　　　ଦ୍ୱାର ପାଳକ ଉତ୍ତରେ
ଶ୍ୱେତ ବର୍ଣ୍ଣ ଚତୁର୍ବାହୁଃ
　　　　ଦକ୍ଷିଣ ଦ୍ୱାର ପାଳକଃ
ବନମାଳା ହୃଦଯୁକ୍ତ
　　　　ମଣି ମଣ୍ଡଳ ମଣ୍ଡିତଃ

ଅର୍ଥ ସେଇ ମହା ଆଲୋକିତ ଜଗତକୁ ଚାରିପଟୁ ବିଷ୍ଣୁ ଜଗି ରହିଛନ୍ତି। ଗୌର ବର୍ଣ୍ଣ ବିଷ୍ଣୁ ପୂର୍ବ ଦ୍ୱାରକୁ, କୃଷ୍ଣ ବର୍ଣ୍ଣ ବିଷ୍ଣୁ ପଶ୍ଚିମ ଦ୍ୱାରକୁ ରକ୍ତବର୍ଣ୍ଣ ବିଷ୍ଣୁ ଉତ୍ତର ଦ୍ୱାରକୁ ଓ ଶ୍ୱେତ ବର୍ଣ୍ଣ ବିଷ୍ଣୁ ଦକ୍ଷିଣ ଦ୍ୱାରକୁ ଜଗିଛନ୍ତି, ଭିତରେ ଅନନ୍ତ ଶୟନରେ ବିଷ୍ଣୁ, ଚାରିଦିଗରୁ ଜଗି ରହିଛନ୍ତି ମଧ ବିଷ୍ଣୁ। ସେ ମହାନ୍ ପୁର ହେଲା ବୈକୁଣ୍ଠ ପୁର।

ଏକାକୀ ପଥିକ

ବେଳ ତ ହେଲାଣି ରତ ରତ ବାଟୋଇ
ବେଗେ ବେଗେ ହାଟ ସଉଦା ସାର
ମଠ ମଠ କଲେ ଅଟକି ଯିବୁ କି ?
ହାଟ ଆରପଟେ ଘନ ଅନ୍ଧାର ।

ଘଡ଼ ଘଡ଼ ହୋଇ ମେଘ ଗରଜୁଛି
ଖଡ଼ ଖଡ଼ ହୋଇ ବହୁଛି ଝଡ଼
ମଡ଼ ମଡ଼ ହେଇ ଭାଙ୍ଗେ ଗଛ ଡାଳ
କଳ କଳ ବହେ ନଦୀର ଜଳ ।

କେତେ ଦୁଃଖ ସହି ନ ଖାଇ ନ ପିଇ
ଗଢ଼ିଲୁ ବିଶାଳ ସୁନାସଂସାର
ଛୁଞ୍ଚିଟିଏ ହେଲେ ନେଇ ପାରିବୁକି ?
ସବୁ ଛାଡ଼ି ଯିବୁ ଖାଲି ହାତର ।

ଧନ ସମ୍ପତ୍ତି ତ ଘରେ ରହି ଯିବେ
ଆତ୍ମୀୟ ଯିବେ ଶ୍ମଶାନ ଯାଏଁ
ସେଠାରୁ କିଏ ତୋ ସଙ୍ଗରେ ଯିବରେ
ନୀଳ ଶଇଳରେ ବସିଚି ଯିଏ ।

ଅନ୍ଧାର ରାତିରେ ଆଲୋକ ଦେଖାଏ
ବଢ଼ିଲା ନଈ ସେ କରଇ ପାର
ଭଙ୍ଗା ଗଢ଼ା କରେ ନୀଳାଚଳେ ବସି
ବଡ଼ ନାଟୁଆ ସେ ନନ୍ଦ କୁମର।

ସେହି ସିନା ଆଖି ସେହି ସିନା ସାକ୍ଷୀ
ସେହି ସିନା ତୋର ବନ୍ଧୁ ସୋଦର
ବେଳ ତ ହେଲାଣି ରତ ରତ ବାଟୋଇ
ବେଗେ ବେଗେ ହାଟ ସଉଦା ସାର।

ବ୍ୟାଖ୍ୟା:

ମଣିଷର ଜୀବନ ଏକ ଖୋଲା ପୁସ୍ତକ। ଏହାର ପ୍ରଥମ ପୃଷ୍ଠାଟା ଜନ୍ମ ଶେଷ ପୃଷ୍ଠାଟା ମରଣ। ମଝି ପୃଷ୍ଠା ଗୁଡ଼ିକ ଖାଲି। ମଝି ପୃଷ୍ଠା ଗୁଡ଼ିକରେ ମଣିଷ ଯାହା କର୍ମ କରିଥାଏ ତାହା ଲେଖା ଚାଲିଥାଏ। ସେହି କର୍ମ ହିଁ ଶେଷ ଜୀବନର ନିର୍ଣ୍ଣାୟକ ହୁଏ।

"ଜବ୍ ତୁମ୍ ଆଓ ଜଗତ ମେ
ଜଗ୍ ହସେ ତୁମ୍ ରୋୟ
ଏସି କରୋନି କର୍ ଚଲୋ
ତୁମ୍ ହାଁସୋ ଜଗ୍ ରୋୟ।"

ଜନ୍ମ ହେଲ ସେତେବେଳେ ତୁମେ କାନ୍ଦୁଥିଲ, ଲୋକେ ହସୁଥିଲେ। ବଞ୍ଚିଥିବା ବେଳେ ଏପରି ସତ୍ କର୍ମ କରିଚାଲ ଯେପରି ତୁମେ ହସି ହସି ଚାଲିଯିବ, କିନ୍ତୁ ତୁମ ବିଚ୍ଛେଦରେ ଲୋକେ କାନ୍ଦୁଥିବେ।

"ଘର ବୋଲି ଅର୍ଜିଛୁ ଯେତେ ପଦାର୍ଥ
ଘଟ ଛୁଟିଲେ ସବୁ ହେବ ଅନର୍ଥ
ଘର ଘରଣୀ ଦେହ କିଳାଉଥିବେ
ଘେନି ବନ୍ଧୁ କୁଟୁମ୍ବ ଶୁଦ୍ଧି ହୋଇବେ।"

(ଭକ୍ତ ଚରଣ ଦାସ, ମନବୋଧ ଚଉତିଶା)

ଦେହରୁ ପ୍ରାଣପକ୍ଷୀ ଉଡ଼ିଗଲେ ଏ ଯେଉଁ ଘରଦ୍ୱାର, ବିଲବାଡ଼ି, ସୁନାରୂପା, ବ୍ୟାଙ୍କ ଜମା ଇତ୍ୟାଦି କରିଛୁ ଏ ସବୁ କେହି ତୋ ସଙ୍ଗରେ ଯିବେ ନାହିଁ। ଏ ଯେଉଁ ପତ୍ନୀକୁ ନେଇ ଘର ସଂସାର କଲୁ ସେ ମଧ୍ୟ ମରିବା ପରେ ତତେ ଭୂତ ବୋଲି ଭାବି ଗୁଣିଆ ଡାକି ଦେହ କିଳେଇବ। ତୋର ମୃତ୍ୟୁରେ ସମସ୍ତେ ଅପବିତ୍ର ହୋଇଗଲେ ଭାବି ବ୍ରାହ୍ମଣ ଡାକି ଶୁଦ୍ଧି କ୍ରିୟା କରି ପବିତ୍ର ହେବେ।

କବିବର ରାଧାନାଥ ରାୟଙ୍କର ତିନିବନ୍ଧୁ
କବିତାରେ ଏ ଦୃଶ୍ୟ ଆହୁରି ସ୍ପଷ୍ଟ।

ଭବପୁରରେ ନରଦାସ ନାମକ ଏକ ମହା ଧନୀ ବ୍ୟକ୍ତି ବାସ କରୁଥିଲେ। ତାଙ୍କ ଚାରିପଟେ ସର୍ବଦା ଅସଂଖ୍ୟ ବନ୍ଧୁ ବେଢ଼ି ରହୁଥିଲେ। ତେବେ ସବୁ ବନ୍ଧୁଙ୍କ ମଧ୍ୟରେ ତାଙ୍କର ତିନି ବନ୍ଧୁ ଥିଲେ ଅତି ପ୍ରିୟ। ସେମାନେ ହେଲେ ଧନଦାସ, ଜନଦାସ, ଧର୍ମ୍ମ ଦାସ। ଶେଷ ସମୟ ଆସନ୍ତେ ନରଦାସ ଧନଦାସଙ୍କୁ ଡାକି ତାଙ୍କ ସହ ଆରପୁରକୁ ଯିବା ପାଇଁ କହିଲେ, କିନ୍ତୁ ସେ ଘର ଛାଡ଼ି ବାହାରକୁ ଯିବାପାଇଁ ସମ୍ମତ ହେଲେ ନାହିଁ। ଜନଦାସ କହିଲେ ସେ ଅତିବଡ଼ରେ ଶ୍ମଶାନ ପର୍ଯ୍ୟନ୍ତ କେବଳ ଯାଇ ପାରିବେ। ଶେଷରେ ଧର୍ମ୍ମଦାସ କେବଳ ତାଙ୍କ ଆତ୍ମା ସହ ଆରପୁରକୁ ଯିବପାଇଁ ରାଜି ହେଲେ।

■

ବର୍ଷଣ ମୁଖର ସନ୍ଧ୍ୟା

କୋଇଲି ଲୋ କେଶବ ଯେ
ବିଦେଶକୁ ଗଲା
କମ୍ପାନୀ ଚାକିରୀ କରି
ଆଉ ନ ଫେରିଲା ଲୋ କୋଇଲି ।

କୋଇଲି ଲୋ କେତେ ଓଷାବ୍ରତ କରିଥିଲି
ଜପ, ତପ, ପୂଜା କରି ପୁତ୍ରବତୀ ହେଲି ଲୋ
କୋଇଲି ।

ପଢ଼ାଇଲି ପୁତ୍ରକୁ ମୁଁ ଖଟି ରାତିଦିନ
ଅଳଙ୍କାର ବନ୍ଧା ଦେଲି
ଛୁଚ୍ଛା ନାକ କାନ ଲୋ କୋଇଲି ।

ବୋପା ଜମି ବାଡ଼ି ବିକି ପାଠ ପଢ଼ାଇଲା
ଘର ଫାଳେ ବନ୍ଧା ଦେଇ
ଖଟରେ ଗଡ଼ିଲା ଲୋ କୋଇଲି ।

ରୋଗ ଶେଯେ ପଡ଼ି ବୋପା ଗଲା ଯମପୁର
ପୁତ୍ର ହାତୁ ନ ପାଇଲା ଟିକେ ଗଙ୍ଗାନୀର
ଲୋ କୋଇଲି ।

ମଲା ବେଳେ ବହୁଥିଲା ଧାର ଧାର ଲୁହ
ପଚାରିଲା ଆସିଲେକି ମୋର
ବୋହୂ ପୁଅ ଲୋ କୋଇଲି।

ନାସ୍ତି ବାଣୀ ଶୁଣି ଗଲା ପବନ ଅଟକି
ଆର ପୁରେ ଉଡ଼ିଗଲା ପଞ୍ଜୁରୀରୁ
ପକ୍ଷୀ ଲୋ କୋଇଲି।

ସ୍ୱାମୀ ମଲା ପୁତ୍ର ଗଲା ନିରିମାଖି ହେଲି
ପେଟକୁ ଦାନା ପିଠିକି କନା ନ ପାଇଲି
ଲୋ କୋଇଲି।

ରୋଗରେ ଔଷଧ ନାହିଁ
ଶୋଇବାକୁ ଖଟ
ପିନ୍ଧିବାକୁ ବସ୍ତ୍ର ନାହିଁ ମୁଣ୍ଡବାଳ
ଜଟ ଲୋ କୋଇଲି।

ବ୍ୟାଖ୍ୟା:

ବର୍ତ୍ତମାନ ସମୟରେ ଯୌଥ ପରିବାର ଭାଙ୍ଗି ଯାଇ ସ୍ୱାମୀ, ସ୍ତ୍ରୀ, ଏବଂ ଗୋଟିଏ ବା ଦୁଇଟି ଛୋଟ ଛୋଟ ପିଲାଙ୍କୁ ନେଇ ଛୋଟ ପରିବାର ମାନ ଗଢ଼ି ଉଠିଛି। ବୃଦ୍ଧ ପିତାମାତା ପୈତୃକ ଘରେ କିମ୍ବା ବୃଦ୍ଧାଶ୍ରମରେ। ପୁଅ ସ୍ତ୍ରୀର ବଚସ୍କର ହୋଇ ଶ୍ୱଶୁର ଘରେ ବନ୍ଧା ପଡ଼ି ଯାଉଛି। ଘର ଲୋକ ପର ହୋଇ ଯାଉଛନ୍ତି, ଶ୍ୱଶୁର ଘର ନିଜର ହୋଇ ଯାଉଛି।

ଗୋଟିଏ ଓଡ଼ିଆ ଢଗ ଦେଖିବା
"ମାଇପ କଥା ଖଳ ବାରତା
କେବେ ନ ଶୁଣିବୁ କାନେ
ହୁଁ କହୁଥିବୁ ହାଁ କହୁଥିବୁ
ମନ ଦେଇଥିବୁ ଆନେ।"

ଏ ଗାଉଁଲୀ ଢଗର ଗୋଟିଏ ବଳିଷ୍ଠ ବାର୍ତ୍ତା ଅଛି। ବୁଝାଇ କିହବା ଅନାବଶ୍ୟକ। ବାର୍ଦ୍ଧକ୍ୟ ଆସିଲେ ସମସ୍ତେ ଅଲୋଡ଼ା ହୋଇ ଯାଆନ୍ତି।

"ନମସ୍ତେ ସ୍ୱଦେଶ କବି ଫକୀର ମୋହନ
ଏ ବୟସେ ଦେଶ ହିତେ କେତେ କର କର୍ମ
ଖସି ଆସିଲାଣି ବଳ ଲୁଚୁଛି ଶକତି
ଭ୍ରମେ ବେଳେ ବେଳେ ପୁଣି ଭ୍ରମିଲାଣି ମତି
ବାର୍ଦ୍ଧକ୍ୟର ରୋଗ ଚିନ୍ତା ଧରିଲାଣି ଆସି
ଦମ୍ଭ ହରା ଜରା ବେଗେ ପକାଉଛି ଗ୍ରାସି

(ମଦନ ମୋହନ ପଟ୍ଟନାୟକ ଉତ୍କଳ ସାହିତ୍ୟ, ଅକ୍ଟୋବର ୧୯୧୫ ସଂଖ୍ୟା)

ଫକୀର ମୋହନଙ୍କ ଏକମାତ୍ର ପୁତ୍ର ମୋହିନୀ ମୋହନ ସେନାପତି ଥିଲେ ରେଭେନ୍ସା କଲେଜର ଦର୍ଶନ ଅଧ୍ୟାପକ। ଫକୀର ମୋହନ ଜମି ବିକି ନିଜର କେତୋଟି ବହି ଛପାଇବାରୁ ମୋହିନୀ ମୋହନ ତାଙ୍କୁ ବାଡ଼େଇ କଟକ ଘରୁ ବିଦାୟ କରି ଦେଇଥିଲେ।

"ତା ୧.୫.୧୯୧୬ (ଦୈନିକ ଆଶା)"

"କଟକ ରେଭେନ୍‌ସା କଲେଜର ଅଧ୍ୟାପକ ବାବୁ ମୋହିନୀ ମୋହନ ସେନାପତି ନିଜ ପିତା ଶ୍ରୀ ଫକୀର ମୋହନ ସେନାପତିଙ୍କ ନାମରେ ସେ ଯେ କିଛି ସମ୍ପତି୍ ବିକ୍ରୟ କରି ଅଛନ୍ତି ସେ ସବୁ ରଦ୍ଦ ରହିତ କରାଯିବା ପାଇଁ ଦେବାନୀ ଅଦାଲତରେ ମୋକଦ୍ଦମା କରିଥିବାର ଶୁଣାଯାଏ।"

ଗ୍ରୀଷ୍ମ ବର୍ଣ୍ଣନମ୍

ଧରଣୀ ଜଳୁଛି ତରଣୀ ଜାଳୁଛି
ସରଣୀ ସତେ କି ନିଆଁର ହୁଳା
ନଦୀର ସଲିଳ ଉତ୍ତପ୍ତ ତରଳ
ଶୁଖି ଯାଇଅଛି ଫେନିଳ ଧାରା ।

ବାସରେ ଗରମ ବେଶରେ ଗରମ
ସ୍ୱେଦ ମୟ ହୁଏ ଶରୀର ସାରା
ଆକାଶ ନିର୍ମେଘ ମହୀରୁହେ ଖଗ
ଦିଗନ୍ତ ବ୍ୟାପିଛି ପ୍ରଚଣ୍ଡ ଖରା ।

ନିଶିଥେ ଧରଣୀ ବିକିରଣ କରେ
ଦିବସେ ଉତ୍ତାପ ଥିଲା ଯା ଶୋଷି
ପାହାନ୍ତା ପହରେ ଶୀତଳ ପବନ
ଦେଉଥାଏ ତନୁ ମନକୁ ତୋଷି ।

ସହଳ ସକାଳୁ ଅପରାହ୍ନ ଯାଏଁ
ଘରୁ ବାହାରିବା ମହାନ କଷ୍ଟ
ଅଂଶୁଘାତ ମାଡ଼େ ମରନ୍ତି କେତେକ
କେତେ ଅଧାମରା ସ୍ମରନ୍ତି ଇଷ୍ଟ ।

ତଥାପି ବିଷମ ଏ ଋତୁ ଗ୍ରୀଷମ
ଆମ୍ବ, ପଣସ ଓ ତାଳ ଖଜୁରୀ
ମନ ରସି ଦିଏ ପେଟ ତୋଷି ଦିଏ
ତରଭୁଜ, ବେଲ, ଫୁଟି କାକୁଡ଼ି।

ଅକ୍ଷୟ ତୃତୀୟ ମକର ଉତ୍ସବ
ହନୁ ଜୟନ୍ତୀରେ ନବାତ ପଣା
କେତେ ଯାନି ଯାତ କେତେ ନାଚ ଗୀତ
ଆରିଷା, କାକରା, ଚକୁଳି, ଚଣା।

ନଦୀ ସମୁଦ୍ରରୁ ଜଳ ବାଷ୍ପ ହୋଇ
ଆକାଶେ ଜନମ ଲଭଇ ମେଘ
ଗ୍ରୀଷମ ନ ଥିଲେ ବରଷା ନ ଥାନ୍ତା
ମାଳୀ ଜପୁଥାନ୍ତେ ସହରୀ ବାଘ।

ପ୍ରବଳ ଉତ୍ତାପେ ବିଲ, ବଣ, ଢିପେ
ପୋକ ଜୋକ ସବୁ ଯାଆନ୍ତି ମରି
ଅକ୍ଷୟ ତୃତୀୟା ମୁଠି ଅନୁକୂଳ
ମଞ୍ଜି ବୁଣେ ଚଷା ଭଜି ଶ୍ରୀହରି।

ଜୟ ହୋ ଗ୍ରୀଷମ ହେଲେ ହେଁ ବିଷମ
କିସମ କିସମ ସୁଷମା ଧରି
ବରଷକେ ଥରେ ଆସ ଧରଣୀରେ
ହସାଇ କନ୍ଦାଇ ଯାଅ ତ ଫେରି।

ବ୍ୟାଖ୍ୟା :

ଭାରତରେ ଛ'ଟି ଋତୁ ଥିଲା। ସେଗୁଡ଼ିକ ହେଲା ଗ୍ରୀଷ୍ମ, ବର୍ଷା, ଶରତ, ହେମନ୍ତ, ଶୀତ ବସନ୍ତ। ବର୍ତ୍ତମାନ ମାନବିକ କାର୍ଯ୍ୟକଳାପ ଯୋଗୁଁ ସବୁ ଋତୁ ଭାଙ୍ଗି ଯାଇ କେବଳ ଗ୍ରୀଷ୍ମ ଋତୁ ଅଛି। ଅବଶ୍ୟ କିଛି ଦିନ ଲଘୁଚାପ ଜନିତ ବର୍ଷା ହେଉଛି, କିଛିଦିନ ଶୀତ। କାଳିଦାସଙ୍କ ସମୟରେ ଗ୍ରୀଷ୍ମ ଋତୁ କିପରି ଥିଲା ?

୩୦ | ସତ୍ୟ ନାରାୟଣ ପଟ୍ଟନାୟକ

"ପ୍ରଚଣ୍ଡ ସୂର୍ଯ୍ୟ ସ୍ପୃହଣୀୟ ଚନ୍ଦ୍ରମା
ସଦାବଗାହ କ୍ଷତ ବାରି ସଞ୍ଚୟଃ
ଦିନାନ୍ତେ ରମ୍ୟୋଭ୍ୟୁପଶାନ୍ତ
ମନ୍ମୋଥ ନିଦାଘ କାଲ ମୁପାଗତ ପ୍ରିୟେ"
ନିଶା ଶଶାଙ୍କ କ୍ଷତନୀଳ ରାଜୟଃ
କ୍ୱଚିତ୍ ବିଚିତ୍ରମ୍ ଜଳଯନ୍ତ୍ର ମନ୍ଦିରମ୍
ମଣି ପ୍ରକାରାଃ ସରସ ଚ ଚନ୍ଦନଂ
ଶୁଚୌ ପ୍ରିୟେଯାନ୍ତି ଜନସ୍ୟ ସେବ୍ୟତାମ୍"
(ଋତୁ ସଂହାର "ଗ୍ରୀଷ୍ମ ବର୍ଣ୍ଣନମ୍")

ଅର୍ଥାତ୍ ଗ୍ରୀଷ୍ମ କାଳରେ ଦିନ ପ୍ରବଳ ଗରମ କିନ୍ତୁ ରାତି ଥଣ୍ଡା । ଦିନ ଯନ୍ତ୍ରଣାମୟ ରାତ୍ରି ଉପଭୋଗ୍ୟ । ଲୋକେ ଗରମରୁ ରକ୍ଷା ପାଇବା ନିମନ୍ତେ ମଣିହାର ପିନ୍ଧିଛନ୍ତି, ଚନ୍ଦନ ବୋଳି ହୋଇଛନ୍ତି, ଘରେ ଜଳଯନ୍ତ୍ରର ବ୍ୟବସ୍ଥା କରିଛନ୍ତି । ଜଳଯନ୍ତ୍ର ଅର୍ଥାତ୍ ଦୁଆର ଝରକା ପର୍ଦ୍ଦା ମାନଙ୍କରେ ଥଣ୍ଡା ପାଣିର ଛିଟା ମାରିବା । ଏ ବ୍ୟବସ୍ଥା ୧୯୭୦ ପର୍ଯ୍ୟନ୍ତ ଥିଲା । ଆମେ ପିଲାଦିନେ ଦେଖିଛୁ ଅଫିସରଙ୍କ ମୁଣ୍ଡ ଉପରେ ଛାତରୁ ଗୋଟିଏ ଖଜୁରୀ ପଟି ଝୁଲୁଥିଲା ସେଥିରୁ ଗୋଟିଏ ଦଉଡ଼ି ତଳ ପର୍ଯ୍ୟନ୍ତ ଲମ୍ବିଥିଲା । ପିଅନ ତଳେ ବସି ସେ ଦଉଡ଼ିକୁ ଟାଣିଲେ ଅଫିସରଙ୍କୁ ପବନ ହେଉଥିଲା । ସାଧାରଣ ଲୋକେ ତାଳପତ୍ର ପଙ୍ଖା ବ୍ୟବହାର କରୁଥିଲେ ।

କବି ସମ୍ରାଟଣ ଉପେନ୍ଦ୍ର ଭଞ୍ଜ କିପରି ଗ୍ରୀଷ୍ମ ବର୍ଣ୍ଣନା କରିଛନ୍ତି ଦେଖିବା ।

"ଶୁଣ ହେ ସାଧବ ମାଧବ ଶେଷ ଝିଲ୍ଲିକା କହି
ଏ ଗ୍ରୀଷମ ଋତୁ ବିଷମ ସମ ନୁହନ୍ତି କେହି ।
ସତ ଏ ପରଶ ମାତ୍ରରୁ ଜାତ ଗାତ୍ରରୁ ସ୍ୱେଦ
ଭାନୁ ବୃହତ୍ ଭାନୁ ଯା' ଯୋଗୁଁ କଲେ ତେଜସ୍ୱୀ ବାଦ
ପ୍ରଭାକୁ ପ୍ରକାଶେ ଆକାଶେ ପ୍ରଭାକର ଦିବସେ
ଜଳେ କୃଶାନୁ ସାନୁ ମାନଙ୍କରେ ଅନିଶେ
ଧରଣୀ ସରଣୀ ଧୂଳିତ କଲା ତପତ ତହିଁ
ପଥିକ ପଦ ବିପଦକୁ ପଦ ପଦକେ ଦେଇ ।
(କୋଟି ବ୍ରହ୍ମାଣ୍ଡ ସୁନ୍ଦରୀ)

ଶ୍ରୀରାଧା ଉବାଚ

ଶୋଭା ପାଏ କି ଲୋ
     ଜୀବନ ବିହୁନେ ଦେହ
ରାତିର ଛାତିରେ ନ ଥିଲେ ଚନ୍ଦ୍ରମା
     ନଦୀରେ ନଥିଲେ ସୁଅ ।

କିଏ ସେ ଆସିବ ନିତି ସଞ୍ଜ ବେଳେ
     ଧେନୁ ପଲ ସାଥେ ଧରି
ବଂଶୀ ବାଜୁଥିବ ନାଚ ଚାଲିଥିବ
     ହସ ପଡୁଥିବ ଝରି ।

କିଏ ପହଁରିବ କାଳିନ୍ଦୀ ହ୍ରଦରେ
     ତୋଳୁଥିବ କଇଁଫୁଲ
ବନ ଫୁଲମାଳ ଗଳେ ଲମ୍ବିଥିବ
     ମଥାରେ ମୟୂର ଚୂଳ ।

କାହାର ମଧୁର କଣ୍ଠସ୍ୱର ଶୁଣି
     କୋଇଲି ମରିବ ଲାଜେ
ମାଳତୀର କୁଞ୍ଜ ମଞ୍ଜୁଳ ହେବକି
     କୃଷ୍ଣ ନ କରିଲେ ବିଜେ ।

ଶୋଭା ପାଏ କି ଲୋ
କୃଷ୍ଣ ବିନା ଗୋପପୁର
ଯଶୋଦା କୋଳରେ କିଏ ହସି ହସି
ଖାଉଥିବ ଦୁଧ ସର ।

ନନ୍ଦ ରାଜା କାନ୍ଧେ କିଏ ସେ ବସିଲୋ
ନଦୀ ଆଡ଼େ ଯିବ ବୁଲି
ଜଙ୍ଗଲରୁ ନିତି କିଏ ମୋର ପାଇଁ
ତୋଳି ଆଣୁଥିବ କୋଳି ।

ଗଛରୁ ଚଢ଼ିକେ ତଳକୁ ଡେଇଁବ
ଡାଳରେ ଖେଳିବ ଦୋଳି
ଯମୁନା କୂଳରେ ଗୋପାଳ ମେଳରେ
ଖେଳୁଥିବ ବାଲି ଧୂଳି ।

ଶୋଭା ପାଏ କି ଲୋ
ଗଛରେ ନଥିଲେ ଫୁଲ
ଆଶ୍ୱିନ ମାସଟା ସୁନ୍ଦର ଦିଶେ କି
ନ ଫୁଟିଲେ ଜହ୍ନି ଫୁଲ ।

ବରଷା ଋତୁଟା ଶୋଭା ପାଏ କି ଲୋ
ଆକାଶେ ନ ଥିଲେ ଘନ
ରଜ ମଉଜଟା ଫିକା ପଡ଼ିଯାଏ
ପାଟିରେ ନ ଥିଲେ ପାନ ।

ବ୍ୟାଖ୍ୟା:

କୃଷ୍ଣଙ୍କ ସମୟରେ "ରାଧା" ବୋଲି କେହି ଚରିତ୍ର ନଥିଲେ । ଯଦି ଥାଆନ୍ତେ ତେବେ ବ୍ୟାସଦେବ ତାଙ୍କ ମହାଭାରତରେ ରାଧାଙ୍କ ବିଷୟରେ ଦୁଇ ଚାରିଧାଡ଼ି ଲେଖି ଥାଆନ୍ତେ । ଭାଗବତରେ ମଧ୍ୟ ରାଧାଙ୍କର ବର୍ଣ୍ଣନା ନାହିଁ । କାଳିଦାସ ସମେତ ସବୁ ଭାରତୀୟ କବି ରାଧାଙ୍କ ବିଷୟରେ କାବ୍ୟ କବିତା କିଛି ଲେଖି ନାହାନ୍ତି ।

ଏକାଦଶ ଶତାବ୍ଦୀରେ କବି ଜୟଦେବ "ଗୀତ ଗୋବିନ୍ଦ"ରେ ରାଧା ଚରିତ୍ରଟିଏ ସୃଷ୍ଟି କଲେ । ଅବଶ୍ୟ ଗୋପୀମାନେ ସୁନ୍ଦର ଶ୍ରୀକୃଷ୍ଣଙ୍କୁ ଅତି ଭଲ ପାଉଥିଲେ । ତାଙ୍କର ବାଲ୍ୟଲୀଳା ଗୋପୀମାନଙ୍କୁ ଆମୋଦିତ କରୁଥିଲା । କୃଷ୍ଣ ଆଠବର୍ଷ ବୟସରେ ମଧୁପୁର ଚାଲିଗଲେ । ତାଙ୍କ ଅବର୍ତ୍ତମାନରେ ରାଧା ନାମକ କୌଣସି ଏକ ବିଶେଷ ନାରୀ ଝୁରି ହେଲା । ଗୋପପୁର ଶ୍ରୀହୀନ ହୋଇଗଲା । ତାହାହିଁ ଆମ କବିତାର ବିଷୟ ବସ୍ତୁ ।

"ଗୀତ ଗୋବିନ୍ଦ" ରଚନା ପରେ ଅଧିକାଂଶ ଭାରତୀୟ କବି ରାଧାକୃଷ୍ଣ ପ୍ରେମଲୀଳା ଉପରେ କାବ୍ୟ କବିତା ଲେଖିଲେ । ଅଷ୍ଟାଦଶ ଶତାବ୍ଦୀରେ ପାରଳା ଖେମଣ୍ଡିର କବି ଗୋପାଳ କୃଷ୍ଣ କ'ଣ ଲେଖିଲେ ଦେଖିବା । ରାଧା ତାଙ୍କ ଦୂତୀ ଠାରୁ ଖବର ପାଇଲେ ଯେ କୃଷ୍ଣଙ୍କର ଅନ୍ୟ କୌଣସି ଗୋପୀ ସହ ପ୍ରଣୟ ଅଛି । ଖବର ପ୍ରାପ୍ତ ହୋଇ ସେ କିନ୍ତୁ କ୍ରୋଧ ପ୍ରକାଶ ନକରି କହିଲେ

"ଦୟା ନ କରନ୍ତୁ
ମୁଁ ଦାସୀ ସିନାରେ
ଦୁଃଖ ଦେଇ ଶ୍ୟାମକୁ ରାଧା ସୁଖୀ ହେବାକୁ
ରକ୍ଷିବ କଲୁ କି ଆଲୋଚନାରେ
ଯେ ତାଙ୍କ ମନୋହରୀ
ତା' ନଉକରୀ କରି
ଦିନ ନେବି ପଛେ ଗୁମାନ ନା ରେ
ଯାହାର ହେଲେ ସଖି
ସେ ହୋଇଥାନ୍ତୁ ସୁଖି
ମିଳିଲା ପରି ଲକ୍ଷେ କୋଟି ସୁନାରେ ।

(ଗୋପାଳ କୃଷ୍ଣ)

ଅର୍ଥାତ୍ ଶ୍ୟାମଙ୍କ ମନରେ କଷ୍ଟ ଦେଇ ରାଧା କେବେ ସୁଖି ହୋଇ ପାରିବ ନାହିଁ । ଯଦି ସେ ଅନ୍ୟ କାହାକୁ ଭଲ ପାଉଛନ୍ତି ତେବେ ସେ ସେହି ଭାଗ୍ୟବତୀ ନାରୀର ଦାସୀ ହୋଇ ଅବଶିଷ୍ଟ ଜୀବନ କାଟି ଦେବେ । କୃଷ୍ଣଙ୍କ ସୁଖରେ ରାଧା ସୁଖୀ । କୃଷ୍ଣଙ୍କ ସୁଖ ଦେଖିଲେ ତାଙ୍କୁ ଲକ୍ଷେ କୋଟି ସୁନା ମୋହର ପାଇଲା ପରି ଲାଗିବ ।

ଭକ୍ତ ଚରଣ ଦାସ "ମଥୁରା ମଙ୍ଗଳ"ରୁ ଦି'ପଦ ହେଉଯାଉ ।

"କୃଷ୍ଣର ଗମନ ଦେଖି ଛନ ଛନ
    ହୋଇ ସକଳ ଗୋପାଙ୍ଗନା
ଗୁରୁ ଗଉରବ ବାରି ନ ପାରନ୍ତି
    ଆରତେ ସଫରୀ ନୟନା ।
ଡାକନ୍ତି, ଆହେ ବାରିଧର ବରନା
ବିନା ଦୋଷେ ରୋଷେ ନାଶ କରିଯାଅ
    ନୋହୁ ଗୋପୀକୂଳ ପୁତନା ।

ଅର୍ଥାତ୍, କୃଷ୍ଣ ଗୋପ ପୁରରୁ ବିଦାୟ ନେଇ ମଥୁରା ଯିବାବେଳେ ଗୋପୀମାନେ କାନ୍ଦି କାନ୍ଦି କହୁଛନ୍ତି ଆମେ କି ଦୋଷ କଲୁ ଯେ ଆମକୁ ଛାଡ଼ି ଯାଉଛ ? ତମେ ପୁତନା ନାମକ ଏକ ନାରୀକୁ ବଧ କରିଥିଲ । ଆମେ ଗୋପୀମାନେ ପୁତନା ନୋହୁ । ତେବେ ଆମକୁ କାହିଁକି ବଧ କରୁଛ ?

ସତ୍ୟଂ, ଶିବଂ, ସୁନ୍ଦରଂ

ନାହିଁ ମୃତ୍ୟୁ ଶଙ୍କା ନାହିଁ ଜାତି ଭେଦ
ନାହିଁ ପିତା ମାତା, ନାହିଁ ବନ୍ଧୁ ମିତ୍ର
ନାହିଁ ଲୋଭ ମୋହ, ଅହଙ୍କାର ଶୂନ୍ୟ
ନାହିଁ କାମ କ୍ରୋଧ, ନାହିଁ ପାପ ପୁଣ୍ୟ
ବସି ଯାଇ ତୁ ନିର୍ବିକାରେ
ଭୋଳା ବାବାରେ !
ତତେ ତ ଠକି ଦେଲେ ରେ !

ହେଲା ଯେତେବେଳେ ସମୁଦ୍ର ମନ୍ଥନ
ଅମୃତ ବରଜି କଲୁ ବିଷପାନ
ଜାଗର ନିଶାରେ ହେଲୁ ସଞ୍ଜ୍ଞାହୀନ
ବିଷର ଜ୍ୱାଳାରେ କଣ୍ଠ ନୀଳ ବର୍ଣ୍ଣ
ଚହଳ ପଡ଼ିଲା ସଂସାରେ
ଭୋଳା ବାପାରେ !
ତତେ ତ ଠକି ଦେଲେ ରେ !

ଇନ୍ଦ୍ର ଘେନିଗଲେ ଐରାବତ ହସ୍ତୀ
ଉଚ୍ଚୈଶ୍ରବା ଅଶ୍ୱ ମେନକା ଉର୍ବଶୀ
ବିଷ୍ଣୁ ନେଲେ ଲକ୍ଷ୍ମୀ, ଦେବତା ପୀୟୂଷ
ତୋ' ଭାଗେ ପଡ଼ିଲା ହଳାହଳ ବିଷ
ଭୋଳା ବାବା ରେ !

ତତେ ତ ଠକି ଦେଲେ ରେ।

ଇନ୍ଦ୍ରଙ୍କୁ ଦେଲୁ ତୁ ସ୍ୱର୍ଗରେ ଆସନ
ବାସ କଲୁ ଆସି ଭୀଷଣ ଶ୍ମଶାନ
ପାରିଜାତ ମାଳ ଦେବତା କଣ୍ଠରେ
ହାଡ଼ମାଳ ନାଗ ସାପ ତୋ ଗଳାରେ
ଭୋଳା ବାବା ରେ !
ତତେ ତ ଠକି ଦେଲେ ରେ।

କେତେ ଆଭୂଷଣ ଦେବାତ ପିନ୍ଧନ୍ତି
ତୋର ବାଘ ଛାଲେ ଦିନ ଯାଏ ବିତି
ଦେବତା କେଶର କସ୍ତୁରୀ ଲେପନ
ତୋ' ଅଙ୍ଗେ ଶ୍ମଶାନ ଭସ୍ମ ବିଲେପନ
ଭୋଳା ବାବାରେ।
ତତେ ତ ଠକି ଦେଲେ ରେ।

ଡମ୍ବୁରୁ ବାଜିଲେ, ତାଣ୍ଡବ ନାଚିଲେ
ତ୍ରିଶୂଳ ଉଞ୍ଚାଇ ପ୍ରଳୟ ରଚିଲେ
ହୁଏ ଥରହର ଚଉଦ ଭୁବନ
ତୁହି ସୃଷ୍ଟି, ସ୍ଥିତି, ପ୍ରଳୟ କାରଣ
ଭୋଳା ବାବା ରେ !
ତୋ ସମ କେ ଅଛି ସଂସାରେ !

ବ୍ୟାଖ୍ୟା:

ଶିବ ଅର୍ଥାତ୍ ମଙ୍ଗଳ।

ଶିବ ସୁଖ ସମୃଦ୍ଧି ସବୁ ଦେବତା ମାନଙ୍କୁ ବାଣ୍ଟିଦେଲେ, ନିଜେ ଦୁଃଖ ଦାରିଦ୍ର୍ୟକୁ ବରଣ କରିନେଲେ। ସମୁଦ୍ର ମନ୍ଥନରୁ ଅମୃତ ବାହାରିଲା। ତାକୁ ଦେବତାମାନଙ୍କୁ ଦେଇଦେଲେ। ଅତ୍ୟଧିକ ମନ୍ଥନରୁ ବିଷ ବାହାରିଲା। ଜଗତ ବିଷ ପ୍ରକୋପରେ ଧ୍ୱଂସ ହୋଇଯିବାର ସମ୍ଭାବନା ଦେଖାଗଲା। ତେଣୁ ସେ ହଳାହଳ ବଷ

ପାନ କରି ମୂର୍ଚ୍ଛା ହେଇଗଲେ । ଶିବରାତ୍ରୀ ଦିନ ଏ ଘଟଣା ଘଟିଥିଲା । ତେଣୁ ଶିବରାତ୍ରୀକୁ କାଳାରାତ୍ରୀ କୁହାଯାଏ । ଶିବଙ୍କର ବିଷ ପ୍ରକୋପ ହ୍ରାସପାଇଁ ଦେବତା ମାନେ ରାତିସାରା ତାଙ୍କ ଉପରେ ପାଣି ଢାଳି ଚିକିତ୍ସା କଲେ । ତେଣୁ ଶିବରାତ୍ରୀ ଦିନ ରାତିସାରା ଅନିଦ୍ରା ରହି ଯେଉଁମାନେ ଶିବଙ୍କର ଭଜନକୀର୍ତ୍ତନ କରନ୍ତି ସେମାନେ ଅବଶ୍ୟ ସିଦ୍ଧକାମ ହୁଅନ୍ତି । ଅନେକ ଉଦାହାରଣ ମୁଁ ଦେଖିଛି ।

ଶିବ ହେଲେ ତ୍ୟାଗର ପ୍ରତୀକ । ସଂସାରର ମଙ୍ଗଳ ପାଇଁ ସେ ସବୁ ଐଶ୍ୱର୍ଯ୍ୟ ତ୍ୟାଗ କରିଦେଇ ଶ୍ମଶାନବାସୀ ହୋଇଗଲେ । ଏହାକୁ ଭାଗ୍ୟର ବିଡ଼ମ୍ବନା କୁହାଯାଇପାରେ ।

"ସମୁଦ୍ର ମନ୍ଥନେ ଲେଭେ
ଦରି ଲକ୍ଷ୍ମୀ, ହରଃ ବିଷଂ
ଭାଗ୍ୟ ଫଳତି ସର୍ବତ୍ରଂ
ନ ବିଦ୍ୟା ନ ଚ ପୌରୁଷମ୍

ସମୁଦ୍ର ମନ୍ଥନରୁ ହରି ଲକ୍ଷ୍ମୀଙ୍କୁ ପ୍ରାପ୍ତ ହେଲେ, ହର ବିଷ ପ୍ରାପ୍ତ ହେଲେ । ହରିଙ୍କ ସହ ହର ସମକକ୍ଷ ଦେବତା, କିନ୍ତୁ ଭାଗ୍ୟର ସମର୍ଥନ ନଥିବାରୁ ହର ସବୁ ଐଶ୍ୱର୍ଯ୍ୟରୁ ବଞ୍ଚିତ ହୋଇଗଲେ ।

"ସ୍ୱୟଂ ମହେଶଃ, ଶ୍ୱଶୁର ନଗେଶଃ
ସଖା ଧନେଶଃ, ତନୟ ଗଣେଶଃ
ତଥାପି ଭିକ୍ଷାଟନମେବ ଶମ୍ଭୋ
ବଳୀୟସୀ କେବଳ ଈଶ୍ୱରେଚ୍ଛା ।

ଅର୍ଥାତ୍ ଶିବ ହେଉଛନ୍ତି ଦେବତାମାନଙ୍କ ମଧ୍ୟରେ ଶ୍ରେଷ୍ଠ ଦେବତା । ଶ୍ୱଶୁର ହେଉଛନ୍ତି ପର୍ବତରାଜ ହିମାଳୟ, ବନ୍ଧୁ ହେଉଛନ୍ତି ଧନପତି କୁବେର, ପୁତ୍ର ହେଉଛନ୍ତି ଅଗ୍ରପୂଜ୍ୟ ଗଣେଶ । ଏଭଳି ସୌଭାଗ୍ୟ ଥାଇ ମଧ୍ୟ ଶିବ ଶିବ ଭିକ୍ଷାଟନ କରି ଉଦର ପୋଷଣ କରନ୍ତି ।

ଶିବଙ୍କର ବେଶ ପୋଷାକରେ ଚାକଚକ୍ୟ ନାହିଁ, ସେଥିପାଇଁ ସେ ସମୁଦ୍ର ମନ୍ଥନ ବେଳେ ଲକ୍ଷ୍ମୀଙ୍କୁ ପ୍ରାପ୍ତ ହେଲେ ନାହିଁ

"କିଂ ବାସସା ତଦ୍ ବିଚାରଣୀୟମ୍
ବାସଂ ପ୍ରଧାନଂ ଖଲୁ ଯୋଗ୍ୟତାୟାଃ
ପୀତାମ୍ବରଂ ବୀକ୍ଷ ଦଦୌ ସ୍ୱକନ୍ୟାମ୍
ବୀତାମ୍ବରଂ ବିଷଂ ସମୁଦ୍ରମ୍ ।"

(ବକ୍ରବାକ୍ ଚକ୍ରପାଣି ପଟ୍ଟନାୟକ)

ସମୁଦ୍ରର ରାଜା ବରୁଣ ଲକ୍ଷ୍ମୀଙ୍କୁ ଧରି ସମ୍ମୁଖରେ ଦେଖିଲେ ଯେ ପୀତାମ୍ବର ଅର୍ଥାତ୍ ହଳଦିଆ ଲୁଗାପିନ୍ଧି ହରି ଠିଆ ହୋଇଛନ୍ତି। ବୀତାମ୍ବର ଅର୍ଥାତ୍ ଛାଲଟିଏ ପିନ୍ଧି ହର ଠିଆ ହୋଇଛନ୍ତି। ବରୁଣ ପୋଷାକକୁ ପ୍ରାଧାନ୍ୟ ଦେଇ ହରିଙ୍କି ଲକ୍ଷ୍ମୀଙ୍କି ଦେଲେ ହରଙ୍କୁ ବିଷ ଦେଲେ।

ଶୂନ୍ୟ ପୁଞ୍ଜୁରୀ

ଉଡ଼ିଗଲେ ରବି ସିଂ
ପଶ୍ଚିମରେ ବୁଡ଼ିଗଲେ ରବି
ଏକମାତ୍ର କବି ଗଲେ
ଗଣ୍ଡା ଗଣ୍ଡା ରହିଲେ ଅକବି ।

କାହା ପାଇଁ ପ୍ରାଣ କାନ୍ଦେ
କାହା ପାଇଁ ମନପକ୍ଷୀ ଝୁରେ ?
ରବି ସିଂ ଡାକ ଶୁଭେ
ପୁର ପଲ୍ଲୀ ନଗରେ ପ୍ରାନ୍ତରେ

"ଅ" ଠାରୁ "କ୍ଷ" ଯାଏଁ
ଅକ୍ଷରକୁ ଉପଯୋଗ କରି
ସମସ୍ତେ ଲେଖନ୍ତି ଗୀତ
କବିତାରୁ ଭାବ ପଡ଼େ ଝରି
ଜଣକର ଗୀତ କିପାଁ
ପାଠକକୁ ମତୁଆଲା କରେ ?
ମନରେ ଅଲିଭା ଦାଗ
ଟାଣି ଦିଏ ଲେଖନୀ ମୂନରେ
ପରିବା, ତେଲ, ମସଲା
ପାଣି ଲୁଣ ସମାଗମ କରି
ପଲ୍ଲୀ ଠାରୁ ଦିଲ୍ଲୀ ଯାଏଁ
ସମସ୍ତେ ତ ରାନ୍ଧନ୍ତି ତର୍କାରୀ

ଜଣକର ହାତ ଯଶ
ସ୍ୱାଦ କିମ୍ବା ଅମୃତ ସମାନ
ହାତ ଚାଟି ଖାଉଥାନ୍ତି
ଯେତେ ପେଟା ଖାଦ୍ୟପ୍ରିୟ ଜନ
"ଅ"ଠାରୁ "କ୍ଷ" ଯାଏଁ
ଅକ୍ଷରକୁ ଯୋଡ଼ାଯୋଡ଼ି କରି
ଅପୂର୍ବ ଶବ୍ଦ ଓ ଛନ୍ଦ
ରବି ସିଂ ଲେଖନୀରୁ ଝରି

ସାହିତ୍ୟ ଉପତ୍ୟକାକୁ
କରିଅଛି ଶ୍ୟାମଳ ଶାଦବଳ
ଫୁଟିଛି ଅସଂଖ୍ୟ ଫୁଲ
ଫଳ ଅଛି ସ୍ୱାଦମୟ ଫଳ।

ବହିଯାଏ ସ୍ରୋତସ୍ୱିନୀ
କୋଇଲିର କୁହୁତାନ ଶୁଭେ
ଶଶୀ ଉଠେ ହସି ହସି
ଶରତର ସାୟଂତନ ନଭେ
ଆଜି ନାହିଁ ରବି ଛବି
ଆକାଶରେ ହସୁ ନାହିଁ ଶଶୀ
କୃଷ୍ଣ ଗଲେ ମଧୁପୁର
କୁଞ୍ଜବନେ ନବାଜେ ବଇଁଶୀ

ଅଛନ୍ତି ଗୋପୀ ଗୋପାଳ
ଗୋଗୋଷ୍ଠରେ ଶୁଭେ ହମ୍ବାରଡ଼ି
ସବୁ ଅଛି କୃଷ୍ଣ ନାହିଁ
ରସ ସବୁ ଯାଇଛି ନିଗିଡ଼ି
ସମସ୍ତେ ଅଛନ୍ତି କିନ୍ତୁ
ଏକମାତ୍ର ରବି ସିଂ ନାହିଁ

ତେଣୁ ଦେଶ ମରୁମୟ
ଶୁଖି ଅଛି ସରସ୍ୱତୀ ନଈ।

ରବି ସିଂ, ରବି ସିଂ
ଚାରିଆଡ଼େ ଶୁଭେ ଆର୍ତ୍ତନାଦ
ରବି ସିଂ, ରବି ସିଂ
ଗାଉଛନ୍ତି ପବନ, ବାରିଦ
ରବି ସିଂ, ରବି ସିଂ
ଗାଉଛନ୍ତି ଗନ୍ଧର୍ବ କିନ୍ନର
ଦେବ, ଦାନବ, ମାନବ
ରବି ସିଂ ପତନେ କାତର।

ବ୍ୟାଖ୍ୟା: ପ୍ରସିଦ୍ଧ ବିପ୍ଳବୀ କବି ରବି ସିଂ (ରବୀନ୍ଦ୍ର ନାଥ ସିଂହ) ଜଗତ ସିଂହ ପୁର ଜିଲ୍ଲା ନବ ପାଟଣା ଗ୍ରାମରେ ତା ୧୮. ୨.୧୯୩୫ ସରସ୍ୱତୀ ପୂଜା ଦିନ ଜନ୍ମ ଗ୍ରହଣ କରିଥିଲେ। ତା ୨. ୨. ୨୦୨୦ (ଶ୍ରୀପଞ୍ଚମୀର ତିନି ଦିନ ପରେ) ଚାଲିଗଲେ। ସେ ହିଁ ଏକମାତ୍ର ବିପ୍ଳବୀ କବି ଥିଲେ ଏବଂ ୧୦୦ରୁ ଉର୍ଦ୍ଧ୍ୱ କବିତା ଗ୍ରନ୍ଥ ରଚନା କରିଥିଲେ। "ଯେଉଁ ଦେଶେ କବି ଜନମ ଲଭିଛି ଯେଉଁ ପରିବେଶେ ଜୀବନ କଟୁଛି
କୁତ୍ସିତ ମୋର ଶତ୍ରୁ କପାଳେ
ନ ଜୁଟୁ କଦାପି ତାହା
ଫୁଟିବା ଆଗରୁ ଫୁଲ ଏଠି ଝଡ଼େ
ଜନ୍ମ ଆଗରୁ ପ୍ରାଣବାୟୁ ଉଡ଼େ
ଅଜଗର ସମଫୁଲ ଫୁଲି ଉଠେ
ମରଣର ନୀଳ ବାହ।
(ରବି ସିଂ)

"ନାମ ରବି ସିଂ
ଭୀରୁ ଭାରତର
ସାମାନ୍ୟ ଜଣେ କବି
ଯୌବନ ଭରି ଆଙ୍କି ଆସିଲି
ଜନମୁକ୍ତିର ଛବି।

କାନ୍‌ଭାସ୍ ପରେ ଛାତିର ରକ୍ତ
ବୋଳି ବୋଳି କାଟି ତୂଳୀକାର ପଥ
ଉଷାର କାମିନୀ କୋଳରୁ ଛଡ଼ାଇ
ଆଣିଛି ନବ ରବି
ମନ୍ଦ୍ର ନିନାଦେ ଛନ୍ଦେ ତୋଳିଛି
ସକାଳର ଭୈରବୀ

(ରବି ସିଂ)

"ରବି ସିଂ ଙ୍କର କବିତା ସବୁ ଛନ୍ଦବଦ୍ଧ ରୀତିରେ ରଚିତ। କବିତା ତାଙ୍କ ଜୀବନର ଶାଣିତ ଆୟୁଧ। କେଉଁଠି ଏହା ରସୋତ୍ତୀର୍ଣ୍ଣ କେଉଁଠି ବା ସ୍ଲୋଗାନ ଧର୍ମୀ, କିନ୍ତୁ ଚଳିତ ଶତାବ୍ଦୀର ତୃତୀୟ ଚତୁର୍ଥ ଦଶକରେ କବିତାରେ ଜୀବନ ସଂଗ୍ରାମର ଯେଉଁ ଆହ୍ୱାନ ଉଚ୍ଚାରିତ ହୋଇଥିଲା କବି ରବି ସିଂଙ୍କ କବିତାରେ ତାହାର ପ୍ରତିଧ୍ୱନୀ ଶୁଣିବାକୁ ମିଳିଥାଏ।
(ଓଡ଼ିଆ ସାହିତ୍ୟର କ୍ରମ ବିକାଶ, ଲେଖକ- ସୁରେନ୍ଦ୍ର ମହାନ୍ତି।) ଆମର ମତ ମନ୍ତବ୍ୟ ନିଷ୍ପ୍ରୋୟଜନ।

■

ବସନ୍ତ ବର୍ଣ୍ଣନମ୍

ହେଲେ ଶୀତ ଅନ୍ତ ବିରାଜେ ବସନ୍ତ
ଫୁଲର ପସରା ମେଲି ।
ବକୁଳ ଶୋଭିତ କୋକିଳ କୂଜିତଂ
ରଙ୍ଗର ପରବ ଖୋଲି ।

ସ୍ୱଚ୍ଛ ନୀରା ନଦୀ ଦିଗନ୍ତେ ଚୌପଦୀ
ଡୋଲେ ମଳୟ ପବନ
ଚାରୁ କିଶଳୟ ଶୋଭାର ଆଳୟ
ସ୍ନିଗ୍ଧ ବନ, ଉପବନ

ଶୀତରେ ଅମଳ, ଧାନ, ଫଳ ମୂଳ
ବସନ୍ତରେ ବିକା କିଣା
ଫଗୁ ଦଶମୀରେ ବୁଲନ୍ତି ଠାକୁରେ
ଖାଆନ୍ତି ଉଖୁଡ଼ା, ଚଣା

ଖେଳିବାକୁ ହୋରୀ ଡିଅଁନ୍ତି ସୁନ୍ଦରୀ
ପିଚିକାରୀ ଧରି କରେ
ରଙ୍ଗ ବୋଳା ବୋଳି ହସ, କାନ୍ଦ, ଗାଳି
ଗାଁ ଦାଣ୍ଡେ ନାରେ ନାରେ ।

ଆମ୍ବ ବଉଳଇ, କୋଇଲି ରାବଇ
ଅଳ୍ପ ଶୀତ, ଅଳ୍ପ ଖରା
ମଳୟ ପବନ ବହେ ଘନ ଘନ
ମଧୁମୟ ହୁଏ ଧରା ।

ଫୁଲର ଫଗୁଣ ଦୋଳର ମେଳଣ
ନଦୀରେ ନିର୍ମଳ ପାଣି
ଧରି ପାଞ୍ଜି ବିଡ଼ା ଜ୍ୟୋତିଷ ବାପୁଡ଼ା
ମନ୍ଦିରେ ଦେଖାଏ ଠାଣି ।

ପଞ୍ଚଦୋଳହୁଏ ଗାଁ ମାଇପିଏ
ନୂଆ ଶାଢ଼ୀ ପିନ୍ଧି ତ୍ୱରା
ଯାତରେ ବୁଲନ୍ତି ଗର୍ଭକୁ କ୍ଷେପନ୍ତି
ପିଆଜି, ପକଡ଼ି, ବରା ।

ବ୍ୟାଖ୍ୟା :

ଶୀତ ଋତୁ ଓ ଗ୍ରୀଷ୍ମ ଋତୁର ମଧ୍ୟବର୍ତ୍ତୀ ଦୁଇମାସ ଅର୍ଥାତ୍- ଫଗୁଣ ଓ ଚୈତ୍ର ମାସ ହେଲା ବସନ୍ତ ଋତୁ। ତେଣୁ ଏହି ସମୟରେ ଶୀତ ସରି ସରି ଆସେ ଗ୍ରୀଷ୍ମ ବଢ଼ି ବଢ଼ି ଯାଏ। ତେଣୁ ଆରାମ ଦାୟକ ପରିବେଶ ଥାଏ। ବୃକ୍ଷମାନେ ପଲ୍ଲବିତ ଓ କୁସୁମିତ ହୁଅନ୍ତି। ମଳୟ ପବନ ବହେ। ତେଣୁ ଏହାକୁ ଋତୁରାଜ କୁହାଯାଏ। ଭାରତୀୟ କବିମାନେ ଏହାର ମଞ୍ଜୁଳ ବର୍ଣ୍ଣନା କରିଛନ୍ତି। ଋତୁ ସଂହାର କାବ୍ୟରେ କବି କାଳିଦାସ "ବସନ୍ତ ବର୍ଣ୍ଣନମ" ପ୍ରସଙ୍ଗରେ କଣ ବର୍ଣ୍ଣନା କରିଛନ୍ତି ଦେଖିବା।

"ଦ୍ରୁମା ସମୁଷ୍ପାଃ ସଲିଳ ସପଦ୍ମ
ସ୍ତ୍ରୀୟଃ ସକାମଃ ପବନ ସୁଗନ୍ଧଃ
ସୁଧା ପ୍ରଦୋଷାଃ ଦିବସାଶ୍ଚ ରମ୍ୟା
ସର୍ବଂ ପ୍ରିୟ ଚାରୁତର ବସନ୍ତେ।"
(କାଳିଦାସ, "ଋତୁ ସଂହାର" କାବ୍ୟର ବସନ୍ତ ବର୍ଣ୍ଣନମ୍")

ଅର୍ଥାତ୍ ବସନ୍ତ ଋତୁରେ ବୃକ୍ଷଗୁଡ଼ିକ ପୁଷ୍ପ ମଣ୍ଡିତ ହୁଅନ୍ତି ପୋଖରୀ ପଦ୍ମମୟ, ନାରୀମାନେ କାମାତୁରା ପବନ ସୁଗନ୍ଧିତ, ସନ୍ଧ୍ୟା ଆମୋଦ ଦାୟକ, ଦିବସ ରମଣୀୟ। ତେଣୁ ବସନ୍ତ ଋତୁରେ ସବୁ ସୁନ୍ଦର। ଏହାପରେ ଅବଶ୍ୟ ଦୀର୍ଘ ବର୍ଣ୍ଣନା ରହିଛି।

ଚାମୁଣ୍ଡା ଉଗ୍ର ପ୍ରଚଣ୍ଡା

ମହା ଯୁଦ୍ଧେ ଚଣ୍ଡ ମୁଣ୍ଡ ବିନାଶନ ପାଇଁ
ଶ୍ରୀଅଙ୍ଗରୁ ଜାତ ତୋତେ କଲେ ମହାମାୟି
ତେଣୁ ଚାମୁଣ୍ଡା ତୋ ନାମ
ଭୟଙ୍କର ରୂପ ଦେଖି
ମୂର୍ଚ୍ଛା ଗଲା ଯମ ।

ଦାନ୍ତ କଡ଼ମଡ଼ କରି ଦେଲୁ ଘୋର ରଡ଼ି
ଦେବ, ଦାନବ, ମାନବ ଶୂନ୍ୟେ ଗଲେ ଉଡ଼ି
ଅତି ବିକଟାଳ ବେଶ
ଲହଲହ ଜିହ୍ୱା ସହ
ଟହ ଟହ ହସ
ଗଳାରେ ତୋ ବିଲମ୍ବିତ
ନର ମୁଣ୍ଡ ମାଳ
ମହାବାତ୍ୟା ପ୍ରାୟେ ଶ୍ୱାସ
ଘୂର୍ଣ୍ଣିତ ରଙ୍ଗ ନୟନ
ଫରହର କେଶ ।

ଦୁଷ୍ଟ ଦାନବଙ୍କ ପାଇଁ
ଧରୁ ଉଗ୍ର ରୂପ
ସାଧୁ ସନ୍ଥ ଜନଙ୍କର
ହରୁ ତୁ ସନ୍ତାପ

ଦେବୀ ସଙ୍କଟ ତାରିଣୀ
ଅଭୟା, ଅପର୍ଣ୍ଣା ମାଗୋ
ବିପଦ ହାରିଣୀ।

ବ୍ୟାଖ୍ୟା:

"ଅତି ବିସ୍ତାର ବଦନା
ଜିହ୍ୱା ଲଳନ ଭୀଷଣ।
ନିମଗ୍ନ ରକ୍ତ ନୟନା
ନାନା ପୂରିତ ଦିକ୍‌ମୁଖା।
(ଦୁର୍ଗା ସପ୍ତଶତୀ, ସପ୍ତମ ଅଧ୍ୟାୟ, ଅଷ୍ଟମ ଶ୍ଳୋକ)

ଅର୍ଥାତ୍ ବିସ୍ତାରିତ ମୁଖରେ ଲହ ଲହ ଜିହ୍ୱା, ଆରକ୍ତ ନୟନା, ଘୋର ରାବ କରୁଥିବା ଦେବୀ ହେଉଛନ୍ତି ଚାମଣ୍ଡା। ଚଣ୍ଡ ମୁଣ୍ଡ ଅସୁର ଦ୍ୱୟଙ୍କୁ ନିପାତ କରିବା ପାଇଁ ଦେବୀ ଦୁର୍ଗା ତାଙ୍କ କପାଳରୁ ଏହି ଦେବୀଙ୍କୁ ସୃଷ୍ଟି କରିଥିଲେ। ସେ ସୃଷ୍ଟି ହେବା ମାତ୍ରେ ଚଣ୍ଡ, ମୁଣ୍ଡ, ରକ୍ତବୀର୍ଯ୍ୟ ଆଦି ସମସ୍ତ ରାକ୍ଷସ ସେନାଙ୍କୁ ନିପାତ କଲେ। ଚଣ୍ଡ ମୁଣ୍ଡଙ୍କୁ ବଧ କରିଥିବାରୁ ତାଙ୍କୁ ଚାମଣ୍ଡା କୁହାଯାଏ। କିଏ କହେ କାଳୀ, କିଏ କହେ ଚଣ୍ଡୀ।

ନିଷ୍ଠାର ସହ ଚଣ୍ଡୀ ପାଠ କଲେ ମନୋକାମନା ସିଦ୍ଧ ହୁଏ। ଭୟଙ୍କର ବିପଦରୁ ରକ୍ଷା ମିଳେ। ରୋଗରେ ପଡ଼ି ଜୀବନ ସଙ୍କଟାପନ୍ନ ଥିବା ସମୟରେ ମଧ୍ୟ ରୋଗ ଉପଶମ ହୋଇଯାଏ। ଏପରିକି ଶ୍ରୀଜଗନ୍ନାଥଙ୍କର ନବ କଳେବର ସମୟରେ ଦାରୁ ଅନ୍ୱେଷଣ ବେଳେ କାକଟପୁର ମଙ୍ଗଳାଙ୍କ ନିକଟରେ ଚଣ୍ଡୀପାଠ କରି ଦାରୁ ଅନ୍ୱେଷଣରେ ବାହାରିବାକୁ ହୁଏ।

ଓଡ଼ିଶାରେ ଅନେକ ଚଣ୍ଡୀ ପୀଠ ଅଛି। ସେଥିରୁ କଟକ ଚଣ୍ଡୀ ଅନ୍ୟତମ। ଗଞ୍ଜାମ ଜିଲ୍ଲା ରମ୍ଭା ଥାନା ଅନ୍ତର୍ଗତ ପାଲୁରୁ ଗଡ଼ରେ ଚାମଣ୍ଡା ମନ୍ଦିର ଅଛି। ଚିଲିକା ଓ ସମୁଦ୍ରର ମଧ୍ୟବର୍ତ୍ତୀ ଅଞ୍ଚଳରେ ଏକ ନିର୍ଜନ ପରିବେଶରେ ଏହି ମନ୍ଦିର ଅବସ୍ଥିତ। ଏହି ମନ୍ଦିର ରାଜାରାଜୁଡ଼ା ଅମଳର ଏକ ପ୍ରାଚୀନ ମନ୍ଦିର ହୋଇ ଥିବାରୁ ଏହାର ସଂରକ୍ଷଣ ଓ ସୌନ୍ଦର୍ଯ୍ୟକରଣ ଜରୁରୀ।

ବାହୁଡ଼ା ଯାତ୍ରା

ଆଷାଢ଼ ମାସର ବର୍ଷା
ବଜ୍ର ଆଉ ବିଦ୍ୟୁତ ବିଘାତ
ଏତେବେଳେ ଶ୍ରୀ ମନ୍ଦିରେ
ବାହୁଡୁଛ ପ୍ରଭୁ ଜଗନ୍ନାଥ

ସଜ ହେଲା ତାଳଧ୍ୱଜ,
ନନ୍ଦୀଘୋଷ ସେ ଦର୍ପ ଦଳନ
ବାଜିଲାଣି ଘଣ୍ଟ ଘଣ୍ଟି
ଭେରୀ, ତୂରୀ, କାହାଳୀ କୀର୍ତ୍ତନ

ପ୍ରବଳ ବର୍ଷାରେ ଭକ୍ତେ
ତିନ୍ତି ବୁଡ଼ି ରହିଛନ୍ତି ଚାହିଁ
ତୁମର ଶ୍ରୀମୁଖ ଦେଖି
ଦୁଃଖ, କଷ୍ଟ ଭୁଲିଯିବା ପାଇଁ

ଅନ୍ତରେ ଭରିଛି କୋହ
ଝରିଯାଏ ନୟନରୁ ଲୁହ
ହେ ପ୍ରଭୁ ବ୍ରହ୍ମାଣ୍ଡ ନାଥ
ଏମାନଙ୍କୁ ଆଶୀର୍ବାଦ ଦିଅ,

ତୁମେ ଏକ ମହାକବି

ସୃଷ୍ଟି ତୁମ ରସାଳ କବିତା
ସବୁର ଆଧାର ତୁମେ
ସୃଷ୍ଟି, ସ୍ଥିତି, ପ୍ରଳୟର କର୍ତ୍ତା

ଜଗତରେ ସବୁ ମିଥ୍ୟା
ତୁମେ ସତ୍ୟ, ଶିବ ଓ ସୁନ୍ଦର
ଚକା ଚକା ବେନି ଆକ୍ଷି
କଳା ମୁଖ, ଶ୍ରୀରଙ୍ଗ ଅଧର ।

ସବୁ ସୃଷ୍ଟି କଲ ତୁମେ
ଅନ୍ତେ ପୁଣି କରିବ ପ୍ରଳୟ
ଏ ବିଶାଳ ବିଶ୍ୱ ପୁଣି
ହେବ ତୁମ ଶ୍ରୀ ଅଙ୍ଗେ ବିଲୟ

ତୁମେ ମାତା, ତୁମେ ପିତା
ତୁମେ ସଖା ବନ୍ଧୁ ସହୋଦର
ଏ ବିଶାଳ ବ୍ରହ୍ମାଣ୍ଡରେ
ତୁମ ଛଡ଼ା କିଏ ଅଛି ମୋର ?

ବାହୁଡ଼ା ଯାତ୍ରାରେ ପ୍ରଭୁ
ଦେଖୁ ଦେଖୁ ତୁମର ବଦନ
ମୋ ମସ୍ତକେ ବଜ୍ର ପଡୁ
ପଦ୍ମ ପାଦେ ଯାଉ ଏ ଜୀବନ

ବ୍ୟାଖ୍ୟା :

"ଗଙ୍ଗାୟାଁ ଚ ଜଳେ ମୁକ୍ତି
ବାରାଣସ୍ୟାଂ ଜଳେସ୍ଥଳେ
ଜଳେ, ସ୍ଥଳେ ଅନ୍ତରୀକ୍ଷେ
ମୁକ୍ତି ଶ୍ରୀ ପୁରୁଷୋତ୍ତମେ ।"

ଅର୍ଥାତ୍ ଗଙ୍ଗା ଜଳରେ ମୃତ୍ୟୁ ହେଲେ ମୁକ୍ତି ମିଳେ। ଗଙ୍ଗା କୂଳରେ ଶବ ଦାହ ହେଲେ ବା ଚିତ୍ତାଭସ୍ମ ଗଙ୍ଗାଜଳରେ ବିସର୍ଜନ ହେଲେ ମଧ୍ୟ ମୁକ୍ତି ମିଳେ ବୋଲି ମାନ୍ୟତା ଅଛି। ବାରାଣସୀ (କାଶୀ)ରେ ମଧ୍ୟ ଗଙ୍ଗାନଦୀ ପ୍ରବାହିତ ହେଉଛି। ତାହା ଶିବଙ୍କର ଧାମ। ସେଠାରେ ଜଳରେ ବା ସ୍ଥଳରେ ମୃତ୍ୟୁ ହେଲେ ମୁକ୍ତି ମିଳେ। ପୁରୀ ହେଉଛି ବିଷ୍ଣୁଙ୍କର ଧାମ। ସେଠାରେ ଜଳ, ସ୍ଥଳ ବା ଅନ୍ତୀରୀକ୍ଷ ଯେଉଁଠି ବି ମୃତ୍ୟୁ ହେଲେ ମୁକ୍ତି ମିଳେ।

"ରଥେ ତୁ ବାମନଂ ଦୃଷ୍ଟ୍ୱା
ପୁନର୍ଜନ୍ମ ନ ବିଦ୍ୟତେ।"

ଅର୍ଥାତ୍ ରଥରେ ଜଗନ୍ନାଥଙ୍କୁ ଦର୍ଶନ କଲେ ପୁନର୍ଜନ୍ମ ହୁଏନାହିଁ। ତେଣୁ ରଥ ଯାତ୍ରା ବେଳେ ଦର୍ଶନାର୍ଥୀମାନଙ୍କର ପ୍ରବଳ ଭିଡ଼ ହୁଏ।

ଚୋଡ଼ଗଙ୍ଗ ଦେବ ଦ୍ୱାଦଶ ଶତାବ୍ଦୀରେ ଜଗନ୍ନାଥ ମନ୍ଦିର ନିର୍ମାଣ ଆରମ୍ଭ କରିଥିଲେ ଓ ତାଙ୍କର ନାତି ତୃତୀୟ ଅନଙ୍ଗଭୀମଦେବ ୧୨୩୦ରେ ମନ୍ଦିର ନିର୍ମାଣ ସମ୍ପୂର୍ଣ୍ଣ କରି ଚତୁର୍ଦ୍ଧା ମୂର୍ତ୍ତିଙ୍କୁ ସ୍ଥାପନା କରିଥିଲେ, କିନ୍ତୁ ରଥଯାତ୍ରା କେଉଁ ସମୟରୁ ଆରମ୍ଭ ହେଲା ତାହାର କିଛି ସ୍ପଷ୍ଟ ତଥ୍ୟ ନାହିଁ। ଜ୍ୟେଷ୍ଠମାସ ପୂର୍ଣ୍ଣମୀରେ ଚତୁର୍ଦ୍ଧାମୂର୍ତ୍ତି ସ୍ନାନ କରନ୍ତି। ତାହାର ସତର ଦିନ ପରେ ଆଷାଢ଼ ମାସ ଶୁକ୍ଳପକ୍ଷ ଦ୍ୱିତୀୟାରେ ରଥାଯାତ୍ରା ହୁଏ। ଏହାର ନ'ଦିନ ପରେ ବାହୁଡ଼ା ଯାତ୍ରା ହୁଏ।

ଚିତ୍ତ ଚୋର ଚିତ୍ତ ରଞ୍ଜନ

ଚିତ୍ତ ରଞ୍ଜନ ହେ
ଚିତ୍ତ ବିରଞ୍ଜନ କାହିଁକି କଲ ?
କାହିଁ ଚାଲିଗଲ କେଉଁଠି ରହିଲ
କିଏ ଖୁଆଇବ ପାଚଲା ବେଲ ?

ଅମୃତ ବରଷି ଲେଖନୀ ମୂନରୁ
ଶହ ଶହ ଗ୍ରନ୍ଥ ପଡ଼ିଲା ଝରି
ପ୍ରବନ୍ଧ ଜଗତେ ଫୁଟାଇଲ ଫୁଲ
ପାଠକକୁ ଦେଲ ଘାଣ୍ଟ ତର୍କାରୀ ।

ନୀରସ, ଦୁର୍ବୋଧ ପ୍ରବନ୍ଧ ସାହିତ୍ୟ
ତୁମ ପରଶରେ ହେଲା ସରସ
ପାଇଲ ବହୁତ ଦାମୀ ପୁରସ୍କାର
ଉତ୍କଳ ଦେଶରେ ବ୍ୟାପିଲା ଯଶ ।

ପୃଥିବୀ ଭିତରେ ତୁମ ପରି ଜଣେ
ଅଛି କେ ମହାନ ଚିନ୍ତା ନାୟକ ?
ମହାଜ୍ଞାନୀ ତୁମେ ଇଂରାଜୀ ଗ୍ରନ୍ଥର
ଥିଲ ତ ସଫଳ ଅନୁବାଦକ ।

ଗମ୍ଭୀର ମୂରତୀ ଦେଖି ଲାଗେ ଭୀତି

ଭିତରେ ସରସ ପଇଡ଼ ଜଳ
ଥରେ ଯେ ପଡ଼ିବ ତୁମର ଫାଶରେ
ଝୁରୁଥିବ ବସି ଜୀବନ କାଳ

ତୁମ ଗ୍ରନ୍ଥ ସବୁ ହୀରା, ନୀଳା, ମୋତି
ମହୀରେ ତାହାର ତୁଳନା ନାହିଁ
ଶୋକ ସାଗରରେ ଆମକୁ ଭସାଇ
କାହିଁ ଚାଲିଗଲ ହେ ଚିତ୍ତ ଭାଇ ?

ବ୍ୟାଖ୍ୟା :

ଅଦ୍ୱିତୀୟ ପ୍ରାବନ୍ଧିକ ଚିତ୍ତ ରଞ୍ଜନ ଦାସ ଅବିଭକ୍ତ କଟକ ଜିଲ୍ଲାର ବାଗଲପୁର ଠାରେ ୧୯୨୩ ମସିହାରେ ଜନ୍ମଗ୍ରହଣ କରିଥିଲେ। ୧୯୪୧ ମସିହାରେ ରେଭେନ୍‌ସା କଲେଜିଏଟ୍ ସ୍କୁଲରୁ ପ୍ରଥମ ଶ୍ରେଣୀରେ ମାଟ୍ରିକ୍ ପାଶ୍ କରି ରେଭେନ୍‌ସା କଲେଜରୁ ଆଇ.ଏ. ପାଶ୍ କରିଥିଲେ। ୧୯୪୨ ଅଗଷ୍ଟ ୯ ବିପ୍ଳବରେ ଯୋଗ ଦେଇ ୩ବର୍ଷ ପର୍ଯ୍ୟନ୍ତ ବନ୍ଦୀଥିଲେ। ୧୯୪୫ ରୁ ୧୯୪୮ ପର୍ଯ୍ୟନ୍ତ ଶାନ୍ତିନିକେତନରେ ଦର୍ଶନଶାସ୍ତ୍ର ଅଧ୍ୟୟନ କରିଥିଲେ। ୧୯୪୮ ରୁ ୧୯୫୦ ପର୍ଯ୍ୟନ୍ତ ଭାରତୀୟ ବିଦ୍ୟା ଭବନରେ ଗବେଷଣା କରିଥିଲେ। ତାପରେ ସ୍ୱିଡେନ୍‌ର କୋପେନ୍ ହେଗେନ୍ ବିଶ୍ୱବିଦ୍ୟାଳୟରୁ ଏମ୍.ଏ. (ସ୍ନାତକତ୍ତୋର) କରିଥିଲେ।

ସେଠାରୁ ଅନୁଗୁଳର ଚମ୍ପତ୍ତି ମୁଣ୍ଡା ବିଦ୍ୟାଳୟରେ ୧୯୫୫ରୁ ୧୯୫୮ ପର୍ଯ୍ୟନ୍ତ ଶିକ୍ଷକତା। ତା'ପରେ ଆଗ୍ରା ଯାଇ ୧୯୭୪ ପର୍ଯ୍ୟନ୍ତ ମନସ୍ତତ୍ତ୍ୱ, ସମାଜ ବିଜ୍ଞାନର ସହକାରୀ ପ୍ରଫେସର ରୂପେ କାର୍ଯ୍ୟ ନିର୍ବାହ। ତା'ପରେ ଜର୍ମାନ୍ ଯାଇ ସୋନେଦ୍ ବର୍ଗ ଆନ୍ତର୍ଜାତୀୟ ଅନୁଷ୍ଠାନରେ ୧୯୬୨ରୁ ୧୯୬୭ ପର୍ଯ୍ୟନ୍ତ ଦର୍ଶନ ଓ ମନସ୍ତତ୍ତ୍ୱ ବିଭାଗର ଭିଜିଟିଙ୍ଗ୍ ପ୍ରଫେସର।

ସେ ଶତାଧିକ ଗ୍ରନ୍ଥର ରଚୟିତା। ସେ ଶ୍ରୀ ମା' ଓ ଶ୍ରୀ ଅରବିନ୍ଦଙ୍କର ବହୁ ଇଂରାଜୀ ଗ୍ରନ୍ଥ ଓଡ଼ିଆରେ ଅନୁବାଦ କରିଛନ୍ତି। ସେ ଇଂରାଜୀରେ Studies of medieval religions of Orissa ଏବଂ Glimpses into Oriya literature ଗ୍ରନ୍ଥ ରଚନା କରିଛନ୍ତି। "ସଂସ୍କୃତ ଓ ଓଡ଼ିଶା", "ଓଡ଼ିଆ ସନ୍ଥ ସାହିତ୍ୟ", ଓଡ଼ିଆ ସାହିତ୍ୟର ସାଂସ୍କୃତିକ ବିକାଶ ଧାରା" "ଜୀବନ ବିଦ୍ୟାଳୟ" "ଶିକ୍ଷାରୁ ସଂକ୍ରମଣ" "ଗାନ୍ଧୀ ଓ ଗୋପବନ୍ଧୁ" "ଏକଲବ୍ୟର କାହାଣୀ" ଆଦି ତାଙ୍କର ପ୍ରସିଦ୍ଧ ପ୍ରବନ୍ଧ ଗ୍ରନ୍ଥ।

ତା ୧୬.୧.୨୦୧୧ରେ ତାଙ୍କର ମହାପ୍ରୟାଣ ଘଟିଲା।

"ତରୁଣ ଚିତ୍ତରଞ୍ଜନ ଦାସଙ୍କ ରଚନା ବିଚାର ଓ କଳ୍ପନାର ନୂତନ ଧ୍ୱନୀ ବହନ କରି ପ୍ରକୃତରେ ଚିତ୍ତ ରଞ୍ଜନ ହୋଇ ଉଠୁଛି। ଓଡ଼ିଆ ସାହିତ୍ୟର ପ୍ରବନ୍ଧ ବିଭାଗ ଏହି ଡିଗ୍ରୀ ହୀନ ଅଥଚ ବିଜ୍ଞ ଓ ମନସ୍ୱୀ ତରୁଣଙ୍କ ଦ୍ୱାରା ବିପୁଳ ଭାବରେ ସମୃଦ୍ଧ ହୋଇଉଠିବ, ଏହା ଆମର ଦୃଢ଼ ଆଶା। ନିକଟରେ ପ୍ରକାଶିତ ତାଙ୍କର 'ଜୀବନ ବିଦ୍ୟାଳୟ" ଶିକ୍ଷା ଓ ରମ୍ୟ ଚିନ୍ତା ରାଜ୍ୟରେ ଏକ ନୂତନ ଘଟଣା।

(ଡକ୍ଟର ମାୟାଧର ମାନସିଂହ, ଓଡ଼ିଆ ସାହିତ୍ୟର ଇତିହାସ ପୃଷ୍ଠା ୩୫୦)

ଚିଲିକା

ଚିଲିକା, ଚିଲିକା, ନୀଳାମ୍ବୁ ଚିଲିକା
ଚିଲମାଳେ ଶୋଭା ତୋ ନୀଳ ଇଲକା।
ମାଛ କଙ୍କଡ଼ାଙ୍କ ତୁହି ଗନ୍ତାଘର
ସ୍ୱଦେଶୀ, ବିଦେଶୀ ହଂସ ଭରପୂର।

ଶହ ଶହ ନାବ ନୀଳ ଜଳେ ଭାସେ
ଗହ ଗହ କମ୍ପେ ଯାତ୍ରୀଙ୍କ ଉଲ୍ଲାସେ
ମନ୍ଦ ମନ୍ଦ ବହେ ମଳୟ ପବନ
ଛନ୍ଦ ତୋଳେ କେତେ ପକ୍ଷୀଙ୍କ କୂଜନ।

ମା'କାଳୀଜାଈ ତୋରଗଣ୍ଡେ ଶୋଭା
ପବିତ୍ର ପୀଠକୁ କି' ଉପମା ଦେବା ?
ବିପଦେ, ଆପଦେ ହୁଏ ସେ ଭରସା,
ନାବିକ, ପୂଜକ, ବେପାରୀଙ୍କ ଆଶା।

ଚିଲିକାରେ ପକ୍ଷୀ ବଧ ବେଆଇନ
ସରକାର ଗଢ଼େ କାଗଜେ ଆଇନ
ତଥାପି ଚାଲିଛି କୂଳ ବଜାରରେ
ପକ୍ଷୀ ମାଂସ ଲୋକେ ଖାଆନ୍ତି ମଜାରେ।

ମାଛ ଧରା ଘେରି ଚତୁର୍ଦ୍ଦିଗେ ଶୋଭା

ମାଫିଆ ଏଠାରେ ଅଟେ ସର୍ବେସର୍ବା
ଯେତେ ଭାଙ୍ଗିଲେ ହେଁ ପୁଣି ଗଢ଼ାହୁଏ
ଶାସନ କଳକୁ ଖାତିର ନଥାଏ ।

କବି ରାଧାନାଥ କାବ୍ୟ ରତ୍ନାକର
ଖଣ୍ଡକାବ୍ୟେ ତୋତେ କଲେ ସେ ଅମର
ତୋ'କୂଳେ ତାଙ୍କର ମୂର୍ତ୍ତି କାହିଁ ନାହିଁ
କେହି ନ ଚିନ୍ତିଲେ ସ୍ମୃତିରକ୍ଷା ପାଇଁ ।

ମାୟାଧର ମାନସିଂହ ତୋ କୂଳରେ
ଜନମି ଥିଲେ ଗୋ ନନ୍ଦଳା ଗ୍ରାମରେ
ତାଙ୍କ ପ୍ରତିମୂର୍ତ୍ତି କାହିଁ ଦେଖା ନାହିଁ
ତାଙ୍କ ମଧୁ ସ୍ମୃତି ଗଲାଣି ଗୋ ଧୋଇ ।

ଅନୁରୂପ ଦଶା କବି କେଶବର
ଜନମ ସ୍ଥାନ ଯା' ମଞ୍ଜୁଳ ପାଲୁର
ଅଣ ପଚରା ସେ ନିଜ ଜନ୍ମ ସ୍ଥାନେ
କେହି ତାଙ୍କୁ ଆଉ ରଖିନାହିଁ ମନେ ।

ତଥାପି "କେଶବ ରାମାୟଣ" ଲେଖି
ଅମର କୀରତି ଯାଇଛନ୍ତି ରଖି ।

ବ୍ୟାଖ୍ୟା :

ଚିଲିକା କହିଲେ କବିବର ରାଧାନାଥ ରାୟଙ୍କର "ଚିଲିକା" ଖଣ୍ଡକାବ୍ୟକୁ ବୁଝାଏ ଓ ଚିଲିକା ହ୍ରଦକୁ ବୁଝାଏ । ଏହି ହ୍ରଦକୁ "ଚିଲିକା" ଖଣ୍ଡକାବ୍ୟ କାବ୍ୟ ପ୍ରସିଦ୍ଧି ଦେଇଥିଲ । ତାହା ଫଳରେ ଚିଲିକା ହ୍ରଦ ସମସ୍ତଙ୍କର ଦୃଷ୍ଟି ଆକର୍ଷଣ କଲ । "ଚିଲିକା" ଖଣ୍ଡକାବ୍ୟ ଓ "ଚିଲିକା ହ୍ରଦ" ଉଭୟେ ଆକର୍ଷଣୀୟ । "ଚିଲିକା" ହେଉଛି ଏସିଆ ମହାଦେଶର ବୃହତ୍ତମ ଲବଣାକ୍ତ ହ୍ରଦ ଏହାର ଆୟତନ ୧୧୬୫ ବର୍ଗକିଲୋମିଟର ।

ଏହା ଖୋର୍ଦ୍ଧା, ପୁରୀ, ଗଞ୍ଜାମ ଜିଲ୍ଲାକୁ ସ୍ପର୍ଶ କରିଛି। ଏହି ହ୍ରଦକୁ ଚିଲିକା ଉନ୍ନୟନ ପରିଷଦ, ଜଙ୍ଗଲ ବିଭାଗ ଓ ରାଜସ୍ୱ ବିଭାଗ ପରିଚାଳନା କରନ୍ତି। ଏହାର ମତ୍ସ୍ୟ ସମ୍ପଦ ଉପରେ ତଟବର୍ତ୍ତୀ ୧୪୭ ଗାଁର ମତ୍ସ୍ୟଜୀବୀମାନେ ନିର୍ଭର କରନ୍ତି। କିଛି ଲୋକ ଚିଲିକା ପାଣି ଭିତରେ ଖୁଣ୍ଟପୋତି ଚାରିପଟେ ଜାଲ ଘେରାଇ ମଝିରେ ଚୁଙ୍ଗୁଡ଼ି ଚାଷ କରୁଛନ୍ତି। ମତ୍ସ୍ୟଜୀବୀମାନଙ୍କ ସହ ସେମାନଙ୍କର ସଂଘର୍ଷ ଲାଗି ରହିଛି। ପ୍ରଶାସନ ଘେରି ଉଚ୍ଛେଦ କଲେ ମଧ୍ୟ ପୁଣି କିଛିଦିନ ପରେ ଘେରି ଗଢ଼ି ଉଠୁଛି।

ଚିଲିକାର ଦୈର୍ଘ୍ୟ ପ୍ରାୟ ୬୫ କିଲୋମିଟର ଓ ସର୍ବାଧିକ ଗଭୀରତା ପ୍ରାୟ ସାଢ଼େ ଚାରିଫୁଟ।

"ଚିଲିକା" ଖଣ୍ଡକାବ୍ୟ ୧୮୯୯ ମସିହା ପୂର୍ବରୁ ରଚିତ ହୋଇଥିଲା ଓ ମୟୂରଭଞ୍ଜର ମହାରାଜା ଶ୍ରୀରାମଚନ୍ଦ୍ର ଭଞ୍ଜଙ୍କୁ ଉତ୍ସର୍ଗ କରାଯାଇ ପୁରସ୍କୃତ ହୋଇଥିଲା।

ରାଧାନାଥ "ଚିଲିକା" ଖଣ୍ଡକାବ୍ୟରେ ଚିଲିକାର ରୂପ ବର୍ଣ୍ଣନା ଯେଉଁ ଷ୍ଟାଇଲ୍‌ରେ ଲେଖିଛନ୍ତି ପ୍ରାୟ ଉତ୍କଳମଣି ଗୋପବନ୍ଧୁଙ୍କ ସମେତ ସେହି ଷ୍ଟାଇଲ୍‌ରେ ହିଁ ଲେଖୁଛନ୍ତି। ନୂତନତ୍ୱ କିଛି ନାହିଁ। ରାଧାନାଥ ଆଉ କିଛି ନ ଲେଖି କେବଳ "ଚିଲିକା" ଖଣ୍ଡକାବ୍ୟ ଟି ରଚନା କରିଥିଲେ ମଧ୍ୟ ଓଡ଼ିଆ ସାହିତ୍ୟରେ ଅମର ହୋଇ ରହିଥାଆନ୍ତେ, କିନ୍ତୁ ପରିତାପର ବିଷୟ ରାଧାନାଥଙ୍କର ସ୍ମୃତିରକ୍ଷା ପାଇଁ ଚିଲିକାରେ କିଛି ହୋଇନାହିଁ। ଅନ୍ତତଃ ଚିଲିକା ଭିତରେ ଥିବା ଗୋଟିଏ ପାହାଡ଼ର ନାମ "ରାଧାନାଥ ପାହାଡ଼" ରଖାଯାଇ ପାରିଥାଆନ୍ତା। ସେଥିପାଇଁ ସରକାରଙ୍କ ଟ୍ରେଜେରୀରୁ ଟଙ୍କାଟିଏ ଖର୍ଚ୍ଚ ହୋଇନଥାନ୍ତା। "ଚିଲିକା" ଖଣ୍ଡକାବ୍ୟରୁ କିଛି ପଂକ୍ତି ଉଦ୍ଧାର କରିବା।

"ଉତ୍କଳ କମଳା ବିଳାସ ଦୀର୍ଘିକା (ପୋଖରୀ)
ମରାଳ ମାଳିନୀ ନୀଳାମ୍ବୁ ଚିଲିକା।
ଉତ୍କଳର ତୁହି ଚାରୁ ଅଳଙ୍କାର
ଉତ୍କଳ ଭୁବନେ ଶୋଭାର ଭଣ୍ଡାର
ସ୍ୱଭାବେ ଭାବୁକ ମାନସ ଉଲ୍ଲାସି
ଦିଗନ୍ତ ବିସ୍ତାରୀ ତୋର ବାରି ରାଶି
ପ୍ରସନ୍ନ ବଦନା ଉଜ୍ଜ୍ୱଳ ବରଣା
ମୁଖଶ୍ରୀ ଦେଖନ୍ତି ଯହିଁ ଦିଗଙ୍ଗନା"

(ଚିଲିକା- ରାଧାନାଥ ରାୟ)

■

ବର୍ଷା ବର୍ଣ୍ଣନମ୍

ବରଷକେ ପରେ ଆଜି
ଆସିଅଛି ବରଷା
ବରଷି ଯାଉଛି କରି
ଜୀବନକୁ ସରସା ।

ନୀଳ ଆକାଶେ ଖେଳାଇ
ବିଜୁଳିର ଚମକ
ଘଡ଼ ଘଡ଼ି ଚଡ଼ଚଡ଼ି
ବିଜୁଳିର ଦମକ ।

ଖଣ୍ଡ ଖଣ୍ଡ କଳାମେଘ
ଭାସିଯାଏ ଆକାଶେ
ସାଇଁ ସାଇଁ ବହିଯାଏ
ପବନଟା ଉଲ୍ଲାସେ ।

ଭାଙ୍ଗି ଯାଏ ଗଛ ଡାଳ
ପତ୍ର ଉଡ଼େ ପବନେ
ରାତି ଆଣେ ମହାଭୀତି
ମଣ୍ଡୂକର ଗର୍ଜନେ ।

ମାଳ ମାଳ ଧଳାବଗ
କଳା ମେଘ ଛାତିରେ
ଉଡ଼ି ଉଡ଼ି ଗାଉଛନ୍ତି
ବରଷାର ଗୀତିରେ ।

ଝିଙ୍କାରୀ ରାବନ୍ତି କାହିଁ
ଗୋପନରେ ବସି ରେ
ଫିରିଙ୍ଗିଏ ଉଡୁଛନ୍ତି
ଶୋଭା ପରକାଶି ରେ ।

ପାହାଡ଼ରୁ ଖସି ଖସି
ଆସେ ବନ ଝରଣା
ଥଳ କୂଳ ମିଳେ ନାହିଁ
ନଦୀ ହୁଏ ଅରଣା ।

ପୋଖରୀରେ ଫୁଟିଛନ୍ତି
କେତେ କଇଁ ଫୁଲରେ
ପହଁରନ୍ତି ମାଛ, ଝାମ୍ପି
ନେଉଥାନ୍ତି ଚିଲରେ ।

ସନ୍ଧ୍ୟାକାଳେ ଦୀପ ଜାଳେ
ଉଡ଼ି ଜୁଲୁ ଜୁଳିଆ
କିଆ ବୁଦା ମୂଳେ କାନ୍ଦେ
ଉଚ୍ଚ ସ୍ୱରେ ବିଲୁଆ ।

ଆମ୍ବ ଡାଳେ ପେଚା ବସି
ଛାଡୁଥାଏ କୁହାଟ
ମୟୂରର ରାବ ଶୁଣି
ସାପ ମାରେ ଚମ୍ପଟ ।

ନିଦାଘରେ ଜଳି ପୋଡ଼ି
ଥିଲେ ପ୍ରାଣୀ ସକଳ
ବରଷା ହଟାଏ ନିଆଁ
ପାଣିଘାଳି ପ୍ରବଳ ।

ବିଲେ ବିଲେ ଧାନ ଗଛ
ସବୁ ଜିମା ସୁନ୍ଦର
କଳ କଳ ବହିଯାଏ
ନଦୀ କରି ହୁନ୍ଦର ।

ବାରିରେ ଜହ୍ନି କାକୁଡ଼ି
ଲତା ଯାଏ ମାଡ଼ିରେ
ପାଣି କଖାରୁ ଓଙ୍କାଏ
ଚାଳରେ ବା ଭାଡ଼ିରେ ।

ଛତା ଧରି ଦଳ ଦଳ
ଲୋକ ପଥେ ଗମନ
ବର୍ଷା ଋତୁ ତୋର ଶୋଭା
ହରେ ମନ ନୟନ ।

ବ୍ୟାଖ୍ୟା :

ଗ୍ରୀଷ୍ମଋତୁ ପରେ ବର୍ଷା ଋତୁ ଆସେ ଓ ଉତ୍ତପ୍ତ ଧରା ଶୀତଳ ହୁଏ । ଆଷାଢ଼, ଶ୍ରାବଣ ଏହି ଦୁଇମାସ ହେଲା ବର୍ଷା ଋତୁ, ଦକ୍ଷିଣ ପଶ୍ଚିମ ମୌସୁମୀ ବାୟୁ ଜୁନ୍ ମାସ ଶେଷ ଆଡ଼କୁ କେରଳରେ ପ୍ରବେଶ କରେ ଓ କ୍ରମେ କ୍ରମେ ଅନ୍ୟସ୍ଥାନରେ ବର୍ଷା କରାଏ । ଏବେ ଆଉ ସେ ସ୍ଥିତି ନାହିଁ । ମୌସୁମୀ ବାୟୁ ଅନିୟମିତ ହୋଇ ଗଲାଣି । ଲଘୁଚାପ ହେଲେ ବର୍ଷା ହେଉଛି ନ ହେଲେ ନାହିଁ । ବର୍ଷା ଦିନର ମନୋରମ ଦୃଶ୍ୟ ଆଉ ନାହିଁ । ଚାରିଆଡ଼େ ସିମେଣ୍ଟ ଜଙ୍ଗଲ, ବେଳେ ବେଳେ ପ୍ରବଳ ବର୍ଷା ହୋଇ ମହା ବିପ୍ଳାତ ସୃଷ୍ଟି କରୁଛି ।

୧.	"ଆସନ୍ତେ ବର୍ଷାକାଳ ନିଦାଘ ଶେଷେ
ଘୋଟଇ ମେଘମାଳ ଆକାଶ ଦେଶେ
ଚମକାଇ ବିଜୁଳି ମେଘ ଦେହରେ
କମ୍ପଇ ବଜ୍ରନାଦେ ମହୀ କାତରେ।"
(ଭକ୍ତକବି ମଧୁସୂଦନ ରାଓ, କବିତା 'ବର୍ଷା')

୨.	ବରଷା ଋତୁରେ ମେଘ ଉହାଡ଼ରେ
ଖରା ନ ଦିଏ ଦର୍ଶନ
ଜହ୍ନିଫୁଲ ଫୁଟା ଦେଖି ବଧୂଗଣ
ଚୂଲୀ ଲଗାନ୍ତି ବହନ।
ଲୋମ ଲୁଚେ ଯେବେ ସନ୍ଧ୍ୟା ଅନ୍ଧାରରେ
ଉଠେ ସନ୍ଧ୍ୟା ଦୀପ ଜଳି
ବୃନ୍ଦାବତୀ ପଦେ ସନ୍ଧ୍ୟାଦେଇ ସାରି
ଲଗାନ୍ତି ବଧୂଏ ଚୂଲୀ।
(ନନ୍ଦକିଶୋର ବଳ, କବିତା ବର୍ଷା, ଗ୍ରନ୍ଥ-ପଲ୍ଲୀଚିତ୍ର)

■

ଫେରିଆ ମୋର କଳା କହ୍ନେଇଁ

ବହି ଯାଉଛି ଯମୁନା ନଈ
ନାଚେ ମୟୂର ପୁଚ୍ଛ ହଲେଇ
ଗଉଡ଼ ପିଲା ବଜାଏ ବେଣୁ
ପବନେ ଉଡ଼େ କଦମ୍ବ ରେଣୁ

ଭ୍ରମର ଉଡ଼େ, କୋଇଲି ଗାଏ
କୁସୁମ ଫୁଟେ, ପବନ ବହେ
ଗୋପାଳ ଆସେ ଗୋରସ ଧରି
ପିଲା ଖେଳନ୍ତି ଦାଣ୍ଡରେ ହୋରୀ

ଗଉଡ଼ ଯାଏ ଗାଈ ଚରାଇ
ମୂରଲୀ ଫୁଙ୍କେ ମନ ଥରାଇ
ସବୁ ଅଛନ୍ତି ଜଣେ ତ ନାହିଁ
ନୀରସ ସେହି ଜଣକ ପାଇଁ

ଶରୀର ଯେତେ ସୁନ୍ଦର ହେଲେ
ଶୋଭା ପାଏ କି ଜୀବନ ଗଲେ ?
ବୀଣାରେ ଯଦି ନ ଥିବ ତାର
ନଦୀରେ ଯଦି ନଥିବ ନୀର

ସବୁ ଥାଇ ବି କିଛି ନଥାଏ
ଗୋଟିଏ ବିନା ଅସାର ହୁଏ
ସବୁ ଅଛନ୍ତି କୃଷ୍ଣ ତ ନାହିଁ
ନୀରସ ସେହି ଜଣକ ପାଇଁ

ଫେରିବ କେବେ ମୂରଲୀ ଧାରୀ ?
ମୟୂର ଚୂଳ, କାଇଁଚ ମାଳି
ମୋ ଦୁଃଖି ଧନ, ଗଳା ରତନ
ଅନ୍ଧ ଲଉଡ଼ି ଜୀବ ଜୀବନ ।

ଆସିବ ଘରେ ଡାକିବ ମାଆ
ଖୁଆଇ ଦେବି ଲବଣୀ ଆହା
ଶୁଆଇ ଦେବି ଗୀତ ଶୁଣାଇ
ସେହି ଦିନକୁ ରହିଛି ଚାହିଁ ।

ଦେଖୁ ଦେଖୁ ତା' ଚନ୍ଦ୍ର ବଦନ
ଏ ଦୁଃଖିନୀର ଯାଉ ଜୀବନ
ଆତ୍ମା ଯିବ ମୋ ମୁକତି ପାଇ
ଫେରିଆ ମୋର କଳା କହ୍ନେଇ ।

ବ୍ୟାଖ୍ୟା :

ପୌରାଣିକ ବର୍ଣ୍ଣନା ଅନୁସାରେ ଦିନେ ମଥୁରାର ରାଜା କଂସ ନିଜର ଭିଣୋଇ ବସୁଦେବ ଓ ଭଉଣୀ ଦେବକୀଙ୍କୁ ରଥରେ ବସାଇ ନେବାବେଳେ ଏକ ଶୂନ୍ୟବାଣୀ ହେଲା ଯେ ଦେବକୀଙ୍କ ଅଷ୍ଟମ ଗର୍ଭରେ ଜନ୍ମିତ ସନ୍ତାନ ହିଁ ତା'ର ମୃତ୍ୟୁର କାରଣ ହେବ । ତେଣୁ ସେ ଦେବକୀ ଓ ବସୁଦେବଙ୍କୁ ବନ୍ଦୀଘରେ ରଖିଲା । ଦେବକୀଙ୍କର ସାତଟି ସନ୍ତାନଙ୍କୁ ଗୋଟିକ ପରେ ଗୋଟିଏ ପଥରରେ ଛେଚି ମାରିଲା । ଅବଶ୍ୟ ଗୋଟିଏ ଝିଅ ଆକାଶକୁ ଖସି ଚାଲି ଯାଇଥିଲା ଓ ଗୋଟିଏ ପୁତ୍ର ସନ୍ତାନକୁ ନେଇ ନନ୍ଦରାଜାଙ୍କ ଅନ୍ୟତମ ରାଣୀ ରୋହିଣୀ ଗର୍ଭରେ ସ୍ଥାପନ କରା ଯାଇଥିଲା । ଅଷ୍ଟମ ସନ୍ତାନକୁ ନେଇ ବସୁଦେବ ନନ୍ଦରାଜାଙ୍କର ଅନ୍ୟତମ ରାଣୀ ଯଶୋଦାଙ୍କୁ ଦେଇଥିଲେ ।

ଯଶୋଦା ତାଙ୍କୁ ଆଠବର୍ଷ କାଳ ଲାଳନ ପାଳନ କରିଥିଲେ। ତା'ପରେ କୃଷ୍ଣ ମଧୁପୁର ଚାଲିଗଲେ। ସେହି ଆଠବର୍ଷ କାଳ ଗୋପପୁରର ଲୀଳାକୁ ବାତ୍ସଲ୍ୟ ଲୀଳା ବୋଲି କୁହାଯାଏ। ତାହାକୁ ଭାରତବର୍ଷର ସବୁ କବି ମର୍ମସ୍ପର୍ଶୀ ଭାବରେ ବର୍ଣ୍ଣନା କରିଛନ୍ତି।

କଂସ ଯଦି ଦେବକୀ ଓ ବସୁଦେବଙ୍କୁ ଅଲଗା ଅଲଗା ବନ୍ଦୀଘରେ ରଖି ଥାଆନ୍ତା ତେବେ ଦେବକୀ ଗର୍ଭବତୀ ହୋଇନଥାନ୍ତେ ଓ କଂସକୁ ଶିଶୁ ହତ୍ୟା ଗୁଡ଼ିଏ କରିବାକୁ ପଡ଼ି ନଥାନ୍ତା। କିନ୍ତୁ ବିଧାତାର ନିର୍ଦ୍ଦେଶ ଯାହା ତାହା ତ ନିଶ୍ଚୟ ହେବ।

ଓଡ଼ିଆ କବିଙ୍କ ଲେଖାରୁ କିଛି ଉଦ୍ଧୃତ କରିବା।

"ଉଠିଲୁ ଏଡ଼େ ବେଗି କାହିଁକିରେ ଦୁଃଖିଧନ
ଦଧି ମନ୍ଥାଇ ଦେବୁ ନାହିଁକିରେ
ଦେହ ପାଶୋରି ଦଣ୍ଡେ ନିଦ ନଗଲୁ ଏଡ଼େ
ବିଟୋଳ ହେଲୁ ମୋର ପାଇଁକିରେ
ଖେଳିବୁ ରାମ ତୁଲେ ପଛେ ରାତି ପାହିଲେ
ଶୁଆଇ ଦେବି ଗୀତ ଗାଇକିରେ।
ମନ୍ଥିବି ମୁଁ କେମନ୍ତ ଖୁଆ ଦଣ୍ଡରୁ ହାତ
ଛାଡ଼ ଦେଉଛି ସର ଖାଇକିରେ
ଆହା ଏ କି ପ୍ରମାଦ ଛନ୍ଦନା ବାବୁ ପାଦ
ଡାକ ଯା' ବଳରାମ ଭାଇକିରେ।

(ରଚନା-ଗୋପାଳ କୃଷ୍ଣ ପଟ୍ଟନାୟକ, ପିତା-ବନବାସୀ ପଟ୍ଟନାୟକ, ପାରଳାଖେମଣ୍ଡି। ଜନ୍ମ ୧୮୭୭ ମସିହା। ଆଶ୍ୱିନ ମାସ ଶୁକ୍ଳପକ୍ଷ ନବମୀ।)

■

ହେ ଗୋପବନ୍ଧୁ କରୁଣା ସିନ୍ଧୁ

ଯାଇଛି ବସନ୍ତ ଆସିଛି ବୈଶାଖ
ଖରାରେ ଜଳୁଛି ଧରା
ନିଆଁ ହୁଳା ପରି ଗରମ ପବନ
ଜାଳି ଦିଏ ଦେହ ସାରା ।

ତାତି ଯାଉଅଛି ଚିଲିକାର ପାଣି
ଜଳ ଜୀବ ଛଟପଟ
ଡାକ ବଙ୍ଗଳାରେ ଅଫିସର ଜଣେ
ହେଉଛନ୍ତି ଲଟପଟ ।

ଅସହ୍ୟ ଉତ୍ତାପେ ଅଫିସର ବାବୁ
ଝରକାରେ ଦେଲେ ଚାହିଁ
ପାଞ୍ଚ, ଦଶ ଲୋକ ଧରି କେ ଆସୁଛି
ମୁଣ୍ଡରେ ଗାମୁଛା ଥୋଇ
ଜାଣିନିକି ସିଏ ଏହି ବଙ୍ଗଳାରେ
ରହିଛନ୍ତି ଅଫିସର
ବ୍ରିଟିଶ ଅମଳ ଶାସନ କଳରେ
ମୁଣ୍ଡ ହେବ ଫାଳ ଫାଳ ।

ମହା କ୍ରୋଧ ହୋଇ ଅଫିସର ବାବୁ
ପଦାକୁ ଆସିଲେ ଚାଲି

ପିଣ୍ଡାରୁ ଏଗୁଣ୍ଡା,　　　ବାତରା ଦଳଙ୍କୁ
　　ଘଉଡ଼ାଇ ଦେବେ ବୋଲି ।

ଦେଖିଲେ ଜଣେକେ　　ପିଣ୍ଡାରେ ବସିଛି
　　ଗାମୁଛାରେ ବିଞ୍ଚେ ଦେହ
ପବନରେ ଉଡ଼େ　　　ଦାଢ଼ୀ ଫରଫର
　　କେଡ଼େ ସୌମ୍ୟ ଶାନ୍ତ ମୁହଁ

ପଚାରି ବୁଝିଲେ　　　ଉତ୍କଳର ମଣି
　　ଗୋପବନ୍ଧୁ ଦାସି ସେହି
ଅତି ବିନୟରେ　　　ପ୍ରଣାମ କରିଲେ
　　ପଦ ପଙ୍କଜକୁ ଛୁଇଁ ।

କହିଲେ ମୋହର　　　କେଡ଼େ ଭାଗ୍ୟ ଆଜି
　　ସ୍ୱୟଂ ନର ନାରାୟଣ
ଅଧମ ଦୁଆରେ　　　ପଦଧୂଳି ଦେଲେ
　　ଧନ୍ୟ ହେଲା ମୋର ପ୍ରାଣ ।

ବଙ୍ଗଳା ଭିତରେ ଖଟ ପଲଙ୍କରେ
　　ବିଶ୍ରାମ କରିବା ହେଉ
ଭୋଜନ ପାଇଁକି　　　କିହେବ ବ୍ୟବସ୍ଥା
　　ଆଜ୍ଞା ହେଉ ମହାବାହୁ ।

ଦୀନ ଜନ ବନ୍ଧୁ　　　କହିଲେ ସଧିରେ
　　କାହିଁ ସେ ସୌଭାଗ୍ୟ ମୋର ?
ଚୁଡ଼ା ଚାଉଳ ମୁଁ　　　ବାଣ୍ଟିବାକୁ ଯିବି
　　ବୁଲି ବୁଲି ବାର ଦ୍ୱାର ।

ଭୋକେ ଥିବେ　　　ମୋର ଦରିଦ୍ର ଜନତା

ବାଟକୁ ଥିବେ ମୋ ଚାହିଁ
ବାହାରିବୁ ଆମେ ଏଠାରେ ଭୋଜନ
କରି କିଛି ଚୁଡ଼ା ଦହି।

ଏହା କହି ଗୁଡ଼ ଚୁଡ଼ା ବୁଜୁଳାଟି
ପାଣିରେ ଭିଜାଇ ଦେଲେ
ଚୁଡ଼ା, ଗୁଡ଼, ଦହି ଫେଣ୍ଟା ଫେଣ୍ଟି କରି
ସମସ୍ତେ ଭୋଜନ କଲେ।

ପୃଥିବୀ ଜଳୁଛି ଡହ ଡହ ଖରା
ବହୁଛି ନିଆଁ ପବନ
ଓଦା ଗାମୁଛାକୁ ମୁଣ୍ଡରେ ଗୁଡ଼ାଇ
ବିଦାୟ ସକଳ ଜନ।

ଅଫିସର ଗଲେ ପଥର ପାଲଟି
ନୟନୁ ବହୁଛି ନୀର
ଜୟ ଗୋପବନ୍ଧୁ କରୁଣାର ସିନ୍ଧୁ
ପାଦ ପଦ୍ମେ ନମସ୍କାର।

ବ୍ୟାଖ୍ୟା:

୧୯୨୪ ମସିହାରେ ଚିଲିକା ମଧ୍ୟରେ ଥିବା ପାରିକୁଦ ଦ୍ୱୀପରେ ଦୁର୍ଭିକ୍ଷ ପଡ଼ିଥିଲା। ତାହାର ଅନୁଧ୍ୟାନ ପାଇଁ ତତ୍କାଳୀନ ପୁରୀର ଡେପୁଟୀ କଲେକ୍ଟର ବାଳ ମୁକୁନ୍ଦ ବହିଦାର ଆସି ସାତପଡ଼ା ଡାକ ବଙ୍ଗଳାରେ ଥାଆନ୍ତି। ସାତପଡ଼ାର କିଛି ଅଂଶ ବ୍ରହ୍ମଗିରି ନିକଟରେ ଅଛି, ଆଉ କିଛି ଚିଲିକା ଦ୍ୱୀପରେ ଅଛି। ବାଳ ମୁକୁନ୍ଦ ବହିଦାର ଡାକ ବଙ୍ଗଳାରେ ଅବସ୍ଥାନ କରୁଥିବା ସମୟରେ ଉତ୍କଳମଣି ଗୋପବନ୍ଧୁ ଦାସ ଦୁର୍ଭିକ୍ଷ ଗ୍ରସ୍ତ ଲୋକଙ୍କୁ ଚୁଡ଼ା ଚାଉଳ ବାଣ୍ଟିବା ପାଇଁ ସେଠାରେ ପହଞ୍ଚିଥିଲେ। ବହିଦାର ଗୋପବନ୍ଧୁଙ୍କୁ ଜଣେ ସାଧାରଣ ବ୍ୟକ୍ତି ଭାବି ଘଉଡ଼ାଇ ଦେଉଥିଲେ। କିନ୍ତୁ ପରିଚୟ ପାଇ ଆଦର ଅଭ୍ୟର୍ଥନା କଲେ।

ଉତ୍କଳମଣିଙ୍କ ମହାପ୍ରୟାଣରେ ଡକ୍ଟର ମାୟାଧର ମାନସିଂହଙ୍କର 'ମାଟିବାଣୀ'

ଗ୍ରନ୍ଥର "ଗୋପ ପ୍ରୟାଣ" କବିତାରୁ କିଛି ପଂକ୍ତି ଉଦ୍ଧାର କରିବା ।
"ସେ ଥିଲା କୋଟିଏ ଦରିଦ୍ର ମେଳେ
          ଦରିଦ୍ର ନାରାୟଣ
ତାହାଠାରୁ ବଳୀ ଅଛି କିଏ କହ
          ତୁମର ପୂଜ୍ୟଜନ ?
ଶବ ପଛେ ତା'ର କୋଟି ମସ୍ତକ
          ନୁଆଁଇ ଓଡ଼ିଆ ଜାତି
ସମ୍ମାନ କର ତାରେ, ଯେ ବରିଲା
          ପୁଣ୍ୟ ତୋହର ମାଟି ।

ବିଦାୟ ଅଭୟ ସିଂହ

ବୃଦ୍ଧାଶ୍ରମେ ପଡ଼ି ସଢ଼ି ତେଜିଲ ଜୀବନ
ଶେଷଯାଏଁ ଛାଡ଼ିଲନି କେବେ ସ୍ୱାଭିମାନ
ଆହେ ନିର୍ଭୀକ ଲେଖକ
ତୁମେ ଥିଲ ଜ୍ଞାନୀ, ମାନୀ, ପ୍ରେରଣା ଦାୟକ

"ବିଜୟା" ପତ୍ରିକା ତୁମ ଲେଖନୀ ପରଶେ
ବ୍ୟାପିଥିଲା ପୁରପଲ୍ଲୀ ପାଠକେ ଉଲ୍ଲାସେ
ପଢୁଥିଲେ ମନ ଭରି
ଓଜସ୍ୱିନୀ ଭାଷା ସହ ଭାବକୁ ଆବୋରି

ସେ ସମ୍ଭ୍ରାନ୍ତେ ଭାଷା ପୁଣି ମୋହୁଥିଲା ମନ
ଆଙ୍କୁଥିଲ ପ୍ରକୃତିର ଚିତ୍ର ମନୋରମ
ଯେତେ ଦର୍ଶନୀୟ ସ୍ଥାନ
ତୁମ ଅମୃତ ପରଶେ ହେଲେ ତେଜୀୟାନ

ଷଡ଼ଯନ୍ତ୍ରେ "ବିଜୟା"ରୁ ନେଲ ତ ବିଦାୟ
ଘର ନାହିଁ କେଉଁଠାରେ ନେବାକୁ ଆଶ୍ରୟ
ଶେଷେ ଗଲ ବୃଦ୍ଧାଶ୍ରମ
ସେଠାରେ କରିଲ ବନ୍ଧୁ ଅନ୍ତିମ ବିଶ୍ରାମ।

...

ବ୍ୟାଖ୍ୟା :

ଅଭୟ ସିଂହ ତା. ୧.୧.୧୯୫୩ ମସିହାରେ କେନ୍ଦ୍ରାପଡ଼ା ଜିଲ୍ଲା ବାରିଗୁଡ଼ାରେ ଜନ୍ମ ଗ୍ରହଣ କରିଥିଲେ। ଭୁବନେଶ୍ୱର 'Regional collage of Education' କରିଥିଲେ କିନ୍ତୁ ଶିକ୍ଷା ବିଭାଗରେ ଚାକିରୀ ନକରି 'ସମବାୟ ସମାଚାର' ପତ୍ରିକାର ସଂପାଦକ ହେଲେ। ପରବର୍ତ୍ତୀ ସମୟରେ ଚେନ୍ନାଇର ଚାନ୍ଦମାମା ପବ୍ଲିକେଶନ୍ ଆନୁକୁଲ୍ୟରେ ପ୍ରକାଶିତ ସଚିତ୍ର ଫିଚର ମାସକ ପତ୍ରିକା "ବିଜୟା"ର ସଂପାଦକ ଥିଲେ। ତାଙ୍କର ବଳିଷ୍ଠ ସଂପାଦନାରେ ଏହି ପତ୍ରିକା ଅଳ୍ପକାଳରେ ଓଡ଼ିଶାର ପୁରପଲ୍ଲୀରେ ବ୍ୟାପିଗଲା। ଏହାର ସମ୍ଭ୍ରାନ୍ତ ଭାଷା ଓ ଉପସ୍ଥାପନା ଶୈଳୀ ପାଠକମାନଙ୍କୁ ଆକର୍ଷିତ କଲା।

ତେବେ ଷଡ଼ଯନ୍ତ୍ରର ଶିକାର ହୋଇ ସେ ସଂପାଦକ ପଦରୁ ବିଦାୟ ନେଲେ। ସୁନଲ ପୃଷ୍ଟିଙ୍କ ସଂପାଦକତ୍ୱରେ ତାହା କିଛି ଦିନ ଚାଲିବା ପରେ ବନ୍ଦ ହୋଇଗଲା। ତାପରେ ସେ "ଜୀବନ" ନାମକ ଏକ ସ୍ୱେଚ୍ଛାସେବୀ ସଂସ୍ଥା ଗଢ଼ି ପରିବେଶ ସୁରକ୍ଷାରେ ମନ ଦେଲେ। ଦେବା ନେବା କଳାଟି ଜାଣିନଥିବାରୁ ତାହା ବି ଚାଲିଲା ନାହିଁ। ତାଙ୍କର ଗୋଟିଏ ଝିଅ ଥିଲା ପୁଅ ନ ଥିଲା। ତେଣୁ ସେ ଭୁବନେଶ୍ୱରର "ଆନନ୍ଦ ଆଶ୍ରମ" ନାମକ ଏକ ବୃଦ୍ଧାଶ୍ରମରେ ଯୋଗଦେଲେ। ତା ୧୩.୨.୨୦୨୧ରେ ତାଙ୍କର ମହାପ୍ରୟାଣ ଘଟିଲା।

"ଶତ ସୂର୍ଯ୍ୟର ଅନ୍ଧକାର" ତାଙ୍କର ଏକ ବିଖ୍ୟାତ ଗ୍ରନ୍ଥ। ଏହା ୧୯୯୮ ପରମାଣୁ ବିସ୍ଫୋରଣ ଘଟଣା ଉପରେ ଆଧାରିତ।

■

କୃଷ୍ଣ ଅର୍ଜୁନ

କାହାନ୍ତି ସମ୍ମୁଖେ କୃଷ୍ଣ ?
    କାହିଁ ଗଲେ ପ୍ରଭୁ ଚକ୍ରଧର ?
ଶ୍ରୀରଙ୍ଗା ଅଧରେ ହସ
    ପଦ୍ମ ନେତ୍ରେ କରୁଣାର ଧାର ।

କୌରବ ପାଣ୍ଡବ ସେନା
    ଗଜ, ଅଶ୍ୱ, ସୈନ୍ୟ ସମୁଚୟ
କାହିଁ ଅଛି କୁରୁକ୍ଷେତ୍ର ?
    କାହିଁ ଛନ୍ତି ଭୀଷ୍ମ ପିତାମହ ?

କିଏ ଏହି ଭୟଙ୍କର
    ନିଃଶ୍ୱାସରେ ପ୍ରଳୟ ପବନ
ହିମାଳୟ ପ୍ରାୟେ ଦନ୍ତ
    କୋଟି ସୂର୍ଯ୍ୟ ଜିଣୁଛି ନୟନ ।

ସାରା ଆକାଶ ବ୍ୟାପିଛି
    ଭୟଙ୍କର ବିଶାଳ ଶରୀର
ଗ୍ରହ ତାରା ଧୂମକେତୁ
    ନୀହାରିକା ମଣ୍ଡନ୍ତି ଉଦର ।

କୋଟି ସୂର୍ଯ୍ୟ ସମ ତେଜ

ଭୟାନକ ଗର୍ଜନ୍ତି ଆକାଶେ
କୋଟି କୋଟି ବ୍ରହ୍ମାଣ୍ଡକୁ
ଉଦରକୁ କ୍ଷେପନ୍ତି ନିମିଷେ

କେତେ ନଦୀ, କେତେ ହ୍ରଦ
କେତେ ଗିରି, କେତେ ଯେ ସାଗର
କେତେ ମରୁ, କେତେ ତରୁ
ଜୀବ ଜନ୍ତୁ ଗ୍ରାସନ୍ତି ସତ୍ୱର ।

ହେ କୃଷ୍ଣ ! ଏ ବିଶ୍ୱରୂପ
ସୁବିଶାଳ ଅତି ଭୟଙ୍କର
ଏ ରୂପ ଦେଖି ଲାଗୁଛି
ଜୀବନ ଟା ଅନିତ୍ୟ ଅସାର

ଏ ବ୍ରହ୍ମାଣ୍ଡ କେତେ ବଡ଼
କେତେ ବଡ଼ ଏହାର ରଚକ
ଧ୍ୟାନ ରେ ବା ଧାରଣାରେ
କିପରି ସେ ହୋଇବେ ପ୍ରତ୍ୟକ୍ଷ ?

କେଉଁ ଧର୍ମ୍ମ ଶାସ୍ତ୍ରେ କିଏ
ପାରିବ ବା ତାଙ୍କୁ ବ୍ୟାଖ୍ୟା କରି
ଜଳେ ସ୍ଥଳେ ପ୍ରତିଘଟେ
ଅନ୍ତରୀକ୍ଷେ ଅଛନ୍ତି ସେ ପୂରି ।
ଚିତ୍ତା କାଟି, ଦାଢ଼ୀ ରଖି
ପିନ୍ଧି ନାନା ରଙ୍ଗର ପୋଷାକ
ଖୋଜିଲେ କି ମିଳିଯିବେ
ଏହା ମହା ମୂର୍ଖତା ମାତ୍ରକ ।

...

ମହାଭାରତ ଯୁଦ୍ଧର କୋଳାହଳମୟ ପରିବେଶରେ କୌରବ ଥାଟରେ ଆତ୍ମୀୟ ସ୍ୱଜନଙ୍କୁ ସମ୍ମୁଖରେ ଦେଖି ଅର୍ଜୁନ ଯୁଦ୍ଧ କରିବା ପାଇଁ ଅନିଚ୍ଛା ପ୍ରକାଶ କଲେ। କୃଷ୍ଣ ତାଙ୍କ ମନରେ ଆତ୍ମ ପ୍ରତ୍ୟୟ ସୃଷ୍ଟିକରି ଯୁଦ୍ଧରେ ପ୍ରବୃତ୍ତ ହେବାପାଇଁ ଅନେକ ଉପଦେଶ ଦେଇଥିଲେ ଓ ବିଶ୍ୱରୂପ ପ୍ରଦର୍ଶନ କରିଥିଲେ। ସେଥିପାଇଁ ଅର୍ଜୁନ ମନରେ ପ୍ରତ୍ୟୟ ହେଲା ଯେ ଶ୍ରୀକୃଷ୍ଣ ହିଁ ସ୍ୱୟଂ ଭଗବାନ ଏବଂ ତାଙ୍କର ବାଣୀ ହେଉଛି ଭଗବାନଙ୍କର ନିର୍ଦ୍ଦେଶ। ଅର୍ଜୁନ ବୁଝିଗଲେ ଯେ ସେ କ୍ଷତ୍ରିୟର କର୍ମ ଅର୍ଥାତ୍ ଯୁଦ୍ଧ କରିବେ କିନ୍ତୁ ଫଳାଫଳ ଭଗବାନଙ୍କ ହାତରେ। କିଏ ଜିତିବ କିଏ ହାରିବ, କିଏ ବଞ୍ଚିବ କିଏ ମରିବ ସବୁ ବିଧି ନିର୍ଦ୍ଦିଷ୍ଟ ହୋଇସାରିଛି। ମଣିଷ ନିମିତ୍ତ ମାତ୍ର। (ଅର୍ଜୁନ ଦେଖିଲେ)

"ଲେଲିହ୍ୟସେ ଗ୍ରସମାନଃ ସମସ୍ତ ଲୋକାନ୍
ସମଗ୍ରାନ୍ ବଜନୈର୍ଦ୍ଧନ୍ଦଦ୍ଭିଃ
ତେଜୋଭିରାପୂର୍ଯ୍ୟ ଜଗତ ସମଗ୍ରଂ
ଭାସସ୍ତବୋଗ୍ରାଃ ପ୍ରତପନ୍ତି ବିଷ୍ଣୋଃ
(ଭାଗବତ ଗୀତ)

ଅର୍ଥ- ଆପଣ ସବୁ ଲୋକଙ୍କୁ ପ୍ରଜ୍ୱଳିତ ମୁଖ ଦ୍ୱାରା କାଳ ସଦୃଶ କବଳିତ କରି ସବୁ ଦିଗକୁ ବାରମ୍ବାର ଚାଟୁଛନ୍ତି। ହେ ବିଷ୍ଣୁ! ଆପଣଙ୍କର ଉଗ୍ରତେଜ ସମସ୍ତ ଜଗତକୁ ତେଜୀୟାନ୍ ଓ ଉତ୍ତପ୍ତ କରୁଛି।

■

ଆହା ମୋ' ନନ୍ଦ ଘରେ ଗୋବିନ୍ଦ

ଆସ ଲୋ ସକଳ ଗୋପର ନାରୀ
ନନ୍ଦ ଘରେ ବାଜେ ଶଙ୍ଖ ମହୁରୀ
ବରଷା ପବନ ହେଲାଣି ସପନ
ସୂରୁଜ କିରଣ ପଡୁଛି ଝରି ।

ଆସ ଲୋ ଆସ ଲୋ ମା' ଭଉଣୀ
କାଉ ରାବିଲାଣି ବେଳ ହେଲାଣି
ଦୁଇ କୂଳ ଖାଇ ଉଛୁଳେ ଯମୁନା
ନନ୍ଦ ରାଜା ଘରେ ପୁଅ ହେଲାଣି ।

ପ୍ରଚଣ୍ଡ କାଳିଆ ପୁଅକୁ ଯାକି ଲୋ
ହସି ହସି ଗଡ଼େ ଯଶୋଦା ରାଣୀ
ରୋହିଣୀ ମା'ର ଗୋରା ପୁଅ ପରି
ଯଶୋଦାର ପୁଅ ଗୋରା ହେଲାନି ।

କୁଆଁ କୁଆଁ ରଡ଼େ କାଳିଆ ଭୂଆଟା
ନନ୍ଦ ରାଜା ବସି ବଜାଏ ଗିନି
ସକାଳୁ ଦି'ଥର ଦେଖି ଆସିଲିଣି
ଯେତେ ଦେଖିଲେ ବି
ମନ ଛାଡୁନି ।

...

ବ୍ୟାଖ୍ୟା :

ଭାଦ୍ରବ ମାସ କୃଷ୍ଣପକ୍ଷ ଅଷ୍ଟମୀ ତିଥି ନିଶାର୍ଦ୍ଧରେ କଂସ ରାଜାର ବନ୍ଦୀଘରେ କୃଷ୍ଣ ଜନ୍ମ ଲାଭ କରିଥିଲେ। କଂସର ପ୍ରକୋପରୁ ତାଙ୍କୁ ରକ୍ଷା କରିବା ପାଇଁ ବସୁଦେବ ସେହି ରାତ୍ରରେ ତାଙ୍କୁ ନେଇ ଗୋପପୁରରେ ନନ୍ଦରାଜାଙ୍କ ଘରେ ରଖିଦେଇ ଆସିଲେ। ନନ୍ଦରାଜାଙ୍କର ରାଣୀ ଯଶୋଦାଙ୍କର ଝିଅଟିଏ ହୋଇଥିଲା। ତାଙ୍କୁ ବସୁଦେବ କୃଷ୍ଣଙ୍କ ବଦଳରେ ନେଇ ଯାଇଥିଲେ। ସେହି ରାତ୍ରରେ ଯାହା ଯାହା ସବୁ ଘଟିଗଲା ଭଗବାନଙ୍କ ମାୟାରେ ସକାଳେ ସମସ୍ତେ ଭୁଲିଗଲେ। ନନ୍ଦଙ୍କର ପୁଅ ନଥିଲା। ତେଣୁ ନନ୍ଦ ଯଶୋଦା ପୁତ୍ରଟିଏ ପାଇ ଖୁସି। ରାଜାଘର ପୁଅ ହେବାରୁ ଗୋପପୁର ବାସୀ ଖୁସି।

ସୂଚନା:-

ନନ୍ଦର ଘରେ ପୁତ୍ର ଜାତ
ଗହଳ ଗୋଳ ଅପ୍ରମିତ।
ଗୋପ ନଗର ଲୋକ ଯେତେ
ଚିଆଇଁ ଧାଇଁଛନ୍ତି କେତେ।
ସୁଖରେ ପାହିଲା ରଜନୀ
ବାହାର ହୋଇଲେ କାମିନୀ।
ଅଗଣା ଖରକି ପହଁରା
ଚନ୍ଦନ ଗୋଳି ଦ୍ୟନ୍ତି ଛେରା।
ଦୁଆରେ ସୁବର୍ଣ୍ଣ କଳସ
ତୋରଣ ଲମ୍ବାନ୍ତି ହରଷ।
ଗୋରୁଙ୍କୁ ମଣ୍ଡନ୍ତି ଗୋପାଳେ
ବସ୍ତ୍ର, ଭୂଷଣ, ଫୁଲମାଳେ।

(ଭାଗବତ, ଦଶମସ୍କନ୍ଧ, ଷଷ୍ଠ ଅଧ୍ୟାୟ)

ସମ୍ବଲପୁରିଆ ଭକ୍ତ

ଆହେ ହରି ହୋ !
ଗଲୁ ସରି ହୋ
ଆମ୍ଭେ ଦର୍ଶନ କରମୁ କାହାକେ ?
ନୀଳ ଶଇଲରୁ
କାହିଁ ଚାଲିଯିବ ହୋ କାହିଁ ଚାଲିଯିବ ?
କିଏ ହବା ଆମ ସାହାକେ
ଆମ୍ଭେ ଗୁହାରି କରମୁ କାହାକେ ?

ପାନି ଗୁଧେଇଲ ହୋ
ଜ୍ୱରରେ ପଡ଼ଲ
ଥଣ୍ଡା ହେଲା ଚଉ ବାହାକେ
କେତେ ଡାକତର ହୋ ଓଷଦ ପତର
ପିଉଥିଲ ବସି ଚାହାକେ ।

ମୋଦକ ଖାଇଲ ହୋ ତେଲ ମାଖିହେଲ
ଭୁଲିଗଲ କିହୋ ତାହାକେ ?
ଟିକେ ଭଲ ହେଲ ହୋ
ବୁଲି ବାହାରିଲ
ଲାଜ ନାଇଁ ଲାଗୁଚେ ମୁହଁକେ ।

ବାଦଲ ଢାଙ୍କିଚେ ହୋ ପବନ ପିଟୁଚେ
ଯତନ ନାଇଁକର ଦିହିକେ
ଆଉ ଥରେ ଯଦି ଜ୍ୱର ଲେଉଟିବା ହୋ
ଜ୍ୱର ଲେଉଟିବା
କିଏ ହବା ତୁମ ସାହାକେ।

ଆହୋ ହରିହୋ, ଗଲୁ ସରିହୋ
ଆମେ ଦର୍ଶନ କରମୁ କାହାକେ ?

...

ପ୍ରତିବର୍ଷ ଆଷାଢ଼ ମାସ ଶୁକ୍ଳପକ୍ଷ ଦ୍ୱିତୀୟା ରେ ରଥଯାତ୍ରା ଅନୁଷ୍ଠିତ ହୁଏ। ପୃଥିବୀର ବିଭିନ୍ନ ସ୍ଥାନରୁ ରଥଯାତ୍ରା ଦେଖିବା ପାଇଁ ଜନ ସମାଗମ ହୁଏ। ଓଡ଼ିଶାରେ ସର୍ବତ୍ର ଜଗନ୍ନାଥ ମନ୍ଦିର ଥିଲେ ମଧ୍ୟ ଆଗ୍ରହୀ ଭକ୍ତ ପୁରୀକୁ ଆସନ୍ତି। ପଶ୍ଚିମ ଓଡ଼ିଶାରୁ ମଧ୍ୟ ଆସନ୍ତି। ପଶ୍ଚିମ ଓଡ଼ିଶା ଓଡ଼ିଶାର କଥିତ ଓଡ଼ିଆ ଭାଷାରେ ହିନ୍ଦୀ ଭାଷାର ପ୍ରଭାବ ରହିଛି। ଦକ୍ଷିଣ ଓଡ଼ିଶାର କଥିତ ଭାଷାରେ ତେଲୁଗୁ ପ୍ରଭାବ ରହିଛି। ଉତ୍ତର ଓଡ଼ିଶାରେ ବଙ୍ଗଳା ଭାଷାର ପ୍ରଭାବ ରହିଛି। ତେଣୁ ଓଡ଼ିଶାର ବିଭିନ୍ନ ସ୍ଥାନରେ କଥିତ ଭାଷାର ଉଚ୍ଚାରଣ ଭିନ୍ନ ଭିନ୍ନ। ତେଣୁ ଏସବୁ ଅଞ୍ଚଳରେ ବ୍ୟବହୃତ ଶବ୍ଦ ସମୂହ ଓଡ଼ିଆ ଅଭିଧାନରେ ଭର୍ତ୍ତି କରିବାର ଉଦ୍ୟମ ଏଯାବତ୍ ହୋଇନାହିଁ। ଉଦାହରଣ ସ୍ୱରୂପ ଲେଥି ଅର୍ଥାତ୍ ପାଚଲା ଆମ୍ବ, ପାଚଲା ଓ ଆମ୍ବ ଦୁଇଟି ଶବ୍ଦ, କିନ୍ତୁ ପଶ୍ଚିମ ଓଡ଼ିଶାରେ ଲେଥି ଶବ୍ଦ ବ୍ୟବହାର କରାଯାଏ। ଦକ୍ଷିଣ ଓଡ଼ିଶାର ଗୋଟିଏ ଶବ୍ଦ ହେଲା ଗ୍ରାହାଚାର। ଅର୍ଥାତ୍ ବିଡ଼ମ୍ବନ ଓ ଦୁର୍ଯ୍ୟୋଗ। ଏହା ଓଡ଼ିଆ ଅଭିଧାନରେ ଭର୍ତ୍ତି ହେଇନାହିଁ।

ଅଶ୍ରୁ ତର୍ପଣ

ଭାରତ ବର୍ଷେ ଥିଲେ ଦେବତା ଦୁଇ
ଜଣେ କାଲାମ ଜଣେ ଶ୍ରୀବାଜପେୟୀ
ଦୁହିଁଙ୍କି ଦୁହେଁ ଏବେ ଗଲେ ତ ଚାଲି
ନଦୀରେ ପାଣି ନାହିଁ କେବଳ ବାଲି ।

ବସନ୍ତ ଅଛି କିନ୍ତୁ ମଳୟ ନାହିଁ
ହିମାଳୟୁ ବରଫ ଗଲା ଉଭେଇ
ବଗିଚା ଅଛି କିନ୍ତୁ ନାହିଁ ତ ଫୁଲ
ଅନ୍ଧ ଦେଶେ ଦର୍ପଣ ହେବ କି ମୂଲ ?

ଗୋଟିଏ ପୁତ୍ର କରେ କୁଳ ଉଜ୍ୱଳ
କୋଟିଏ ପୁତ୍ର ଗଳଗ୍ରହ କେବଳ
ସେପରି ଭାରତରେ ଅସଂଖ୍ୟ ନେତା
ଅଖା ଧୋଉଥା ଧନ ଗୁଣ ଗାଉଥା ।

ଭାରତ ମାତା କାନ୍ଦେ ଉଠୁଛି କୋହ
କିଏ ସେ ନୟନରୁ ପୋଛିବ ଲୁହ ?
ନିଜ ନିଜ ଧନ୍ଦାରେ ସମସ୍ତେ ବ୍ୟସ୍ତ
ପରର ସେବା ପାଇଁ ଅଛି କା ଚିତ୍ତ ?

ସରଳ ଜୀବନ ଓ ଉଚ୍ଚ ବିଚାର
ରାଷ୍ଟ୍ର ସେବକ ଜ୍ଞାନ ଗୁଣ ସାଗର
ଦାନବ ମେଳେ ତୁହେଁ ମହା ମାନବ
ତୁଚ୍ଛ କଲ ପାର୍ଥିବ ଯଶ ବିଭବ।

କଲ ନାହିଁ ବିବାହ ଘର ସଂସାର
ଜନଗଣ ମଙ୍ଗଳେ ହେଲ ଆତୁର
ମାଟି ମାଆର କୋଳେ ପଡ଼ିଲ ଢଳି
କୋଟି ହୃଦୟ କାନ୍ଦେ ତୁମକୁ ଭାଳି।

ବ୍ୟାଖ୍ୟା-

ଅଟଳ ବିହାରୀ ବାଜପେୟୀ
ଭୂତପୂର୍ବ ପ୍ରଧାନମନ୍ତ୍ରୀ, ଭାରତ
ପିତା- କୃଷ୍ଣ ବିହାରୀ ବାଜପେୟୀ
ମାତା- କୃଷ୍ଣା ଦେବୀ
ଜନ୍ମସ୍ଥାନ-ଗ୍ୱାଲିଅର୍ (ମଧ୍ୟପ୍ରଦେଶ)
ଜନ୍ମତାରିଖ- ୨୫.୧୨.୧୯....
ମୃତ୍ୟୁ- ୧୬.୮.୨୦୧୮
ପ୍ରଧାନମନ୍ତ୍ରୀତ୍ୱ-............
୧୯୯୮
୧୯.୩.୧୯୯୯ ରୁ ୨୨.୫.୨୦୦୪
ଅବଦୁଲ୍ କାଲାମ
ଦିବଂଗତ ରାଷ୍ଟ୍ରପତି, ଭାରତ
ଜନ୍ମ- ୧୫.୧୦.୧୯୩୧
ମୃତ୍ୟୁ-୨୭.୭.୨୦୧୫ (ହୃତ୍‌ଘାତ)
ଜନ୍ମସ୍ଥାନ-ରାମେଶ୍ୱରମ୍ (ତାମିଲ୍‌ନାଡୁ)
ବୃତ୍ତି-ମହାକାଶ ଓ କ୍ଷେପଣାସ୍ତ୍ର
ବୈଜ୍ଞାନିକ।
ରାଷ୍ଟ୍ରପତିତ୍ୱ ସମୟ-୨୦୦୨ ରୁ ୨୦୦୭
ଆତ୍ମଜୀବନୀ- Wings of the fire.

ଅଟଳ ବିହାରୀ ବାଜପେୟୀ ୧୯୯୯ରୁ ୨୦୦୪ ପର୍ଯ୍ୟନ୍ତ ପ୍ରଧାନମନ୍ତ୍ରୀ ଥିଲେ। ସେ ୨୦୦୨ରେ ଅବଦୁଲ୍ କାଲାମଙ୍କୁ ରାଷ୍ଟ୍ରପତି ପ୍ରାର୍ଥୀ କରିଥିଲେ। କାରଣ ଉଭୟେ ଥିଲେ ଦେଶପ୍ରେମୀ। ଉଭୟ ଥିଲେ ଅବିବାହିତ। କୌଣସି ସଂକୀର୍ଣ୍ଣତା ଏ ଦୁହିଁଙ୍କୁ ସ୍ପର୍ଶ କରିନଥିଲା। କାଲାମ୍ ଦେଶ ପାଇଁ ବଡ଼ ବଡ଼ ସ୍ୱପ୍ନ ଦେଖୁଥିଲେ। ଅବସର ପରେ ବିଭିନ୍ନ ସ୍କୁଲ, କଲେଜ ବିଶ୍ୱ ବିଦ୍ୟାଳୟ ଯାଇ ଛାତ୍ରଛାତ୍ରୀଙ୍କୁ ଉଦ୍‌ବୃଦ୍ଧ କରାଉଥିଲେ।

ଏଇ ଦୁଇ ମହାମାନବଙ୍କ ମହାପ୍ରୟାଣ ପରେ ଦେଶରେ ଏକ ବିରାଟ ଶୂନ୍ୟତା ସୃଷ୍ଟି ହେଲା।

■

ସ୍ୱାଗତଂ ସତ୍ୟଯୁଗ

ଋଷି ରତ୍ନେ କହିଥିଲେ ପାଞ୍ଜି ଦେଖି
            ବିଂଶ ଶତାବ୍ଦୀରେ ହେବ ଭୀଷଣ ପ୍ରଳୟ
ଏକ ବିଂଶ ଶତାବ୍ଦୀରେ
            ଧାର୍ମିକ ବଞ୍ଚିବେ ଖାଲି
            ପାପୀମାନେ ଯିବେ ଯମାଳୟ ।

ସବୁ ଧର୍ମ୍ମ ଶାସ୍ତ୍ରେ
            ସେ କଥା ହୋଇଛି ଲେଖା
କହୁଥିଲେ ମହାଜ୍ଞାନୀ
            ବାଳକୃଷ୍ଣ ପାତ୍ରେ ।

ସହସ୍ରାବ୍ଦୀ ଗଲାଣିଟି ଚାଲି
            ଆସିଲା ନୂଆ ଶତାବ୍ଦୀ
                  ହଲି ଓ ଦୋହଲି ।

କାହିଁ ସେ ମହା ପ୍ରଳୟ ?
            କାହିଁ ସତ୍ୟ ଯୁଗ ?
ପୃଥିବୀ ସରସୀ କୂଳେ
            ଉଡୁଛନ୍ତି ଦଳ ଦଳ ବଗ ।

ଶାସକ, ଶୋଷକ, ଠକ

ଭଣ୍ଡ ପ୍ରତାରକ
ରୋଗୀ, ଭୋଗୀ, ଭଣ୍ଡ ଯୋଗୀ
ପାଷାଣ୍ଡ କାମୁକ
ଭିକ୍ଷାକାରୀ, ଭେକଧାରୀ
ଚୁଟି ଚଇତନ
ଛୋଟା, ପେଟା, ମୋଟା, କଣା
ମୌଲବୀ, ବ୍ରାହ୍ମଣ
ଫାଦର, ସିଷ୍ଟର, ଚର୍ଚ୍ଚ,
ସାହୁ ମହାଜନ ।

ମନ୍ତ୍ରୀ, ତନ୍ତ୍ରୀ, ଯନ୍ତ୍ରୀ, ହନ୍ତ୍ରୀ
ନେତା, ବକ୍ତା, ଶ୍ରୋତା, ଠିକାଦାର
ଗାଁ ଟାଉଟର
ଲାଞ୍ଚ ଖୋର୍ ଅଫିସର
ଭକ୍ତ ଶ୍ରେଷ୍ଠ ଚରଣ ଗୋଦର ।

ଲକ୍ଷ ଲକ୍ଷ ଉଗ୍ରପନ୍ଥୀ
ବୋମା, ଗ୍ରେନେଡ୍, ବନ୍ଧୁକର ସ୍ୱର
ଚତୁର୍ଦ୍ଦିଗେ ପୋଡ଼ା, ଜଳା, ଲୁଟ୍‌ପାଟ୍
ପିଡ଼ିତର ବିକଳ କ୍ରନ୍ଦନ
ଭୁଜାଲିରେ ହଣାକଣି
ମନ୍ତ୍ରୀଙ୍କର ଭାଷଣ ଚନ୍ଦନ ।

ଏଇତେବେ ସତ୍ୟଯୁଗ, ଧର୍ମଯୁଗ
ନ୍ୟାୟ ଯୁଗ ଆମ ଆଗେ ଛିଡ଼ା
ଏଇକଥା ଭାବି, ଭାବି
ନରୋତ୍ତମ ଦାସ ବସି
ଚୋବାଉଛି ଖଡ଼ା ।

ବ୍ୟାଖ୍ୟା :

ବୈଜ୍ଞାନିକ ଆକଳନ ଅନୁସାରେ ୨୫୦ ରୁ ୩୦୦ କୋଟି ବର୍ଷ ମଧ୍ୟରେ ପୃଥିବୀ ସୃଷ୍ଟି ହେଲା। ପୃଥିବୀ ଶୀତଳ ହୋଇ ଜଳ ଓ ଜୀବନ ସୃଷ୍ଟି ହେବାକୁ ଲାଗିଗଲା କୋଟି କୋଟି ବର୍ଷ। ଶେଷରେ ମଣିଷ ସୃଷ୍ଟି ହେଲା ଓ କ୍ରମେ ସଭ୍ୟ ସଂସ୍କୃତ ହେଲା କାଳଖଣ୍ଡକୁ ବିଭିନ୍ନ ଯୁଗରେ ବିଭକ୍ତ କଲା ସେଥିରୁ ସତ୍ୟ ଯୁଗର ଅବଧି ହେଲା ୧୭ ଲକ୍ଷ ୨୮ ହଜାର ବର୍ଷ। ଦ୍ୱାପର ଯୁଗର ବୟସ ହେଲା ୮ଲକ୍ଷ ୬୪ ହଜାର ବର୍ଷ। ତ୍ରେତୟା ଯୁଗର ବୟସ ହେଲା ୧୨ ଲକ୍ଷ ୧୯ ହଜାର ବର୍ଷ- କଳିଯୁଗର ବୟସ ହେଲା ୪ଲକ୍ଷ ୩୨ ହଜାର ବର୍ଷ। ଯେ କୌଣସି ପାଞ୍ଜି ଦେଖ ବା କ୍ୟାଲେଣ୍ଡର ଦେଖ ସେଥିରେ ଲେଖା ଅଛି ୨୦୨୪ ମସିହା ସୁଦ୍ଧା କଳିଯୁଗ ଭୋଗକଲା ୫୧୨୫ ବର୍ଷ। ଆହୁରି ଭୋଗ ହେବାକୁ ଅଛି ୪ଲକ୍ଷ ୨୬ହଜାର ୮୭୫ ବର୍ଷ। ଲୋକେ କିଛି ନ ବୁଝି ସବୁବେଳେ ପାଟି କରୁଛନ୍ତି କଳିଯୁଗ ଆଜି ଶେଷ ହୋଇଯିବ। କାଲି ଶେଷ ହୋଇଯିବ। ୧୯୮୦ରୁ ସବୁ ଭବିଷ୍ୟତ ବକ୍ତାମାନେ କହୁଥିଲେ ଯେ ୨୦୦୦ ମସିହା ସୁଦ୍ଧା କଳିଯୁଗ ଶେଷ ହୋଇଯିବ। ୨୦୦୧ରୁ ଧିରେ ଧିରେ ସତ୍ୟଯୁଗ ଆରମ୍ଭ ହେବ। ଏବେ ତ ୨୦୨୪ ମସିହା ଶେଷ ପର୍ଯ୍ୟାୟରେ। କାହିଁ ସତ୍ୟଯୁଗ ? ପୃଥିବୀରେ ଦୁଇଟି ଭୟାନକ ଯୁଦ୍ଧ ଚାଲିଛି। ଚାରିଆଡ଼େ ହିଂସା, ଘୃଣା, ରକ୍ତପାତ। ଲକ୍ଷ ଲକ୍ଷ ଲୋକ ବାସହରା। ହଜାର ହଜାର ପରମାଣୁ ବୋମା ଫୁଟିବା ପାଇଁ ମହଜୁଦ୍ ଅଛି। ଯେ କୌଣସି ମୁହୂର୍ତ୍ତରେ ଜୀବ ଜଗତ ଧ୍ୱଂସ ହୋଇ ଯିବାର ସମ୍ଭାବନା ଅଛି। ସାମାଜିକ ଗଣ ମାଧ୍ୟମ ଅସତ୍ୟ ଖବର ପ୍ରକାଶ କରି ଉତ୍ତେଜନା ସୃଷ୍ଟି କରୁଛି। ଉଗ୍ରପନ୍ଥୀ ମାନେ ଅତ୍ୟଧିକ ସକ୍ରିୟ ହୋଇ ଉଠିଛନ୍ତି। ତେବେ ଏହି କ'ଣ ସତ୍ୟଯୁଗ ?

ଶ୍ରାଦ୍ଧରେ ଶ୍ରଦ୍ଧା ନିବେଦନ

କେଉଁ ବର୍ଷ, କେଉଁ ମାସ
କେଉଁ ତିଥି ବାର
ମର୍ତ୍ତ୍ୟ ତେଜି ମା' ଯେବେ
ଗଲୁ ସ୍ୱର୍ଗ ପୁର ।

ଥିଲି ଅତି ସାନ ପିଲା
କିଛି ଜାଣି ନାହିଁ
ସେଦିନର ସ୍ମୃତି ସବୁ
ଗଲାରି ତ ଧୋଇ ।

ଝାପସା ଝାପସା ଛବି
କିଛି ମନେ ଆସେ
ତପ୍ତ ସ୍ୱର୍ଣ୍ଣ ବର୍ଣ୍ଣ ଜିଣି
ତୋ ଶୋଭା ପ୍ରକାଶେ ।

ଅମାବାସ୍ୟା ରାତ୍ରି ଜିଣି
କୁଞ୍ଚିତ କୁନ୍ତଳ
ମୁଖ ଶୋଭା ଦିଶେ ଯଥା
ସଜ ପଦ୍ମ ଫୁଲ ।

କେତେ ଭୋକୀ, କେତେ ଶୋଷି
କେତେ ଦୁଃଖି ରଙ୍କି
ରହି ଯାଉଥିଲେ କ୍ଷଣେ
ତୋ' ପାଶେ ଅଟକି ।

ଭୋକେ ରହି ବୁଝୁଥିଲୁ
ଆଗେ ତାଙ୍କ କଥା
ଖୁଆଇ ପିଆଇ ହରୁ-
ଥିଲୁ ତାଙ୍କ ବ୍ୟଥା ।

ସାରି ଗୃହକାର୍ଯ୍ୟ କେତେ
କରୁ ଲେଖା ପଢ଼ା
କେତେ କେତେ ହସ୍ତଶିଳ୍ପ
କେତେ ମୂର୍ତ୍ତି ଗଢ଼ା ।

କେତେ ବୁଣାବୁଣି ପୁଣି
କେତେ ଛବି ଅଙ୍କା
କେତେ ପୂଜା ପାଠ ପୁଣି
କେତେ ଗୀତ ଲେଖା ।

ଦିନେ ନିଶା ଅର୍ଦ୍ଧେ ତୁହି
କରିଲୁ ପ୍ରକାଶ ।
ଭଲ ଲାଗେ ନାହିଁ ବହେ
ପ୍ରଖର ନିଃଶ୍ୱାସ ।

ଖବର ପାଇ ଆସିଲେ
ଆତ୍ମିୟ ସ୍ୱଜନ
ଠୁଳ ହୋଇ ଚାରି ପାଖେ
କରିଲେ କ୍ରନ୍ଦନ ।

ଡାକ୍ତର ଆସି କହିଲେ
ଦେଖି ଦେଖି ହାତ
ନାଡ଼ି ଛାଡ଼ି ଆସିଲାଣି
ହେଲା ସନ୍ନିପାତ।

ନକ୍ଷେତ୍ର ବାଳା ସେ ମୋର
ନିଜ ବଡ଼ ମାଆ
ଦୟା, ସ୍ନେହ, ସୌଜନ୍ୟର
ମୂର୍ତ୍ତିମତୀ ଆହା !

ତାହାଙ୍କୁ କହିଲେ ମାଆ
ଆଲୋ ଅପା ମୋର
ଭାଙ୍ଗି ଯାଉଅଛି ଆଜି
ମୋର ଖେଳ ଘର।

ମୋର ପିଲା ମାନେ ଏବେ
ଲାଗିଲେ ଲୋ ତୋତେ
କ୍ଷମା କରିଦେବୁ ମୋର
ଦୋଷ ଥିବ ଯେତେ।

ଏତେ କହି ମହାଦେବୀ
ରାମ ନାମ ଘୋଷି
ବୁଜି ଦେଲେ ବେନି ଆକ୍ଷି
ଅସ୍ତ ହେଲେ ଶଶି।

ଉଡ଼ିଗଲା ଦୂରେ ପକ୍ଷୀ
ଝଡ଼ିଗଲା ପର
ବୁଡ଼ି ଗଲେ ଚନ୍ଦ୍ର, ତାରା
ନିସ୍ତବ୍ଧ ସକଳ।

କ୍ରନ୍ଦନର ଘୋର ରୋଳେ
ରାତ୍ରି ଗଲା ଥରି
ବହିଯିବା ପାଣି ଆଉ
ଆସଇ କି ଫେରି ?

ବ୍ୟାଖ୍ୟା :

ଶ୍ରଦ୍ଧାରେ ଯାହା ପିତୃ ପୁରୁଷଙ୍କୁ ଅର୍ପଣ କରାଯାଏ ତାହା ହେଲା ଶ୍ରାଦ୍ଧ। ନିଜ ପୂର୍ବପୁରୁଷମାନଙ୍କ ମରଣ ତିଥିରେ ସେମାନଙ୍କୁ ସ୍ମରଣ କରି ସେମାନଙ୍କ ମହାକ୍ଷୁଧା ନିବାରଣ ନିମନ୍ତେ ଅନ୍ନ, ବ୍ୟଞ୍ଜନ, ପିଠା, ଆମ୍ବ, ପଣସ, ନଡ଼ିଆ, କଦଳୀ ଇତ୍ୟାଦି ଅର୍ପଣ କରାଯାଏ। ମହାଲଜ୍ଜା ନିବାରଣ ନିମନ୍ତେ ବସ୍ତ୍ର ଅର୍ପଣ କରାଯାଏ।
ଆମର ବର୍ଷେ ହେଲେ ପିତୃ ପୁରୁଷଙ୍କର ଦିନେ। ତେଣୁ ଆମେ ବର୍ଷକେ ଥରେ ଖାଦ୍ୟପେୟ ଦେଲେ ମଧ୍ୟ ସେମାନେ ପ୍ରତିଦିନ ପାଆନ୍ତି।

ମୋର ମା' ବିଷ୍ଣୁ ପ୍ରିୟା ପଟ୍ଟନାୟକ ମାତ୍ର ୩୪ ବର୍ଷ ବୟସରେ ଇହଧାମ ତ୍ୟାଗ କଲେ। ବର୍ଷ ମାସ ମୋତେ ଜଣାନାହିଁ। ତିଥିଟା ହେଲା ଜ୍ୟେଷ୍ଠମାସ ଦ୍ୱିତୀୟା। ସେହି ତିଥିର ଅର୍ଦ୍ଧରାତ୍ରରେ ସେ ଅଚାନକ ମୃତ୍ୟୁ ବରଣ କଲେ। ସେତେବେଳେ ଆମ ଗାଁରେ ସରକାରୀ ଆୟୁର୍ବେଦ ଡାକ୍ତରଖାନାଟିଏ ଥିଲା। ଆୟୁର୍ବେଦ ଡାକ୍ତର ଆସି ତାଙ୍କର ବୁଦ୍ଧି ବିଦ୍ୟା ଅନୁସାରେ ଚିକିତ୍ସା କରି ବିଫଳ ହେଲେ। ମା'ସିନା ଅଳ୍ପ ବୟସରେ ମରିଗଲେ କିନ୍ତୁ ଅମର ସ୍ମୃତି ରଖିଦେଇଗଲେ। ସେ ମାଗଣା ହୋମିଓପ୍ୟାଥିକ୍ ଚିକିତ୍ସା କରୁଥିଲେ। ସୁନ୍ଦର ହସ୍ତାକ୍ଷରରେ କବିତା ଲେଖୁଥିଲେ। ଦୁର୍ଲଭ ବହି ସବୁ ଉତାରୁ ଥିଲେ, ସୁତାରେ ବୁଣାବୁଣି କରୁଥିଲେ, ବିଭିନ୍ନ ହସ୍ତଶିଳ୍ପ କରୁଥିଲେ, ସାହିପଡ଼ିଶାଙ୍କ ସହ ଉତ୍ତମ ସମ୍ପର୍କଥିଲା। ଘରକାମ ସବୁ କରୁଥିଲେ।

ସେ ଥିଲେ ରାମଭକ୍ତ। ବେଳେବେଳେ ଓଡ଼ଗାଁ ରଘୁନାଥ ଦର୍ଶନ କରି ଯାଉଥିଲେ। ନିତି ରାମାୟଣ ପାରାୟଣ କରୁଥିଲେ। ସେହି ଭଳି ଏକ ପରିବେଶରେ ରାମାୟଣ ପାଠ ହେଉ ହେଉ ତିନିଥର ରାମରାମ କହି ସେ ଚିରଦିନ ପାଇଁ ଆଖି ବୁଜି ଦେଲେ।

ନିରୀହ କବି

ସମସ୍ତେ ଗଲେଣି ଶୋଇ
ଦୁନିଆଁ ଟା ବିହ୍ୱଳିତ
ନିଝୁମ୍ ରାତିରେ ।
ଝିଙ୍କାରୀର ଝିଁ ଝିଁ ଶବ୍ଦ
ପେଚକର ବିକଟ କୁହାଟ
ଉଲ୍ଲୁକର କାଳ ଯମ ଡାକ
ସବୁକୁ ହଜମ କରି
କିଏ ସେ ଏଇଟା ?
ବସି ବସି ଲେଖୁଥାଏ
ଲେଖୁ ଲେଖୁ ଶୋଇଯାଏ
ଜାଗି ଉଠି ଲେଖୁଥାଏ
ଜୀବନର କେଉଁ ଲାଳସାରେ ?
କେଉଁ ଭରସାରେ ?
ଲିଭି ଲିଭି ଯାଏ ଡିବି
ଫିଟି ଫିଟି ଯାଏ ନୀବି
କଙ୍କାଳ ସାର ପିଲାଏ
ନିଦରେ ହସନ୍ତି
ଦୁଇ ଦିନ ହେଲା ଏବେ
ପେଟରେ ପଡ଼ିଛି ଚାବି
ଉଡ଼ି ଉଡ଼ି ଯାଏ ଚାଳ
ପାଚି ପାଚି ଯାଏ ବାଳ

କଂସା ଗିନା ବନ୍ଧା ପଡ଼େ
ସାହା ଖାଲି ଭିକ୍ଷା ଥାଳ
ଶରୀର ହାଡ଼ କଙ୍କାଳ।
ନିରୀହ ସେ କବିଟିଏ
ନିରୀହ ତପସ୍ୱୀଟିଏ
ନିରୀହ ମନସ୍ୱୀଟିଏ
ମତୁଆଲା ବାୟାଟିଏ
ଚେତନା ଅଜାଡ଼ି ଦିଏ
ଚିନ୍ତାକୁ ନିଗାଡ଼ି ଦିଏ
ସମାଜ ସଜାଡ଼ି ଦିଏ୍
ଅବ୍ୟକ୍ତ ବେଦନା ତା'ର
ଫୁଟି ଉଠେ ଶୀର୍ଣ୍ଣ ମୁହେଁ।
ତୃତୀୟ ନୟନେ ତାର
ଦେଖେ ସେ ସାରା ସଂସାର
ଲେଖନୀରୁ ବହିଯାଏ
ସତେ କି ତା' ନେତ୍ରନୀର
ବକ୍ଷର ତାଜା ରୁଧିର।
ନିଜେ ହୋଇ ସର୍ବନାଶ
ଆନ ମୁଖେ ଦିଏ ହସ
ସମାଜରେ ନାହିଁ ଯଶ
ବାୟା ବୋଲି ଉପହାସ।

ଯେତେବେଳେ ସମାଜରେ ମନୋରଞ୍ଜନର କୌଣସି ମାଧ୍ୟମ ନଥିଲା ସେତେବେଳେ କବିତା ହିଁ ଥିଲା ଏକମାତ୍ର ମାଧ୍ୟମ। କବିମାନେ ଗୋଟିଏ ଗୋଟିଏ କବିତା ଲେଖି ହଜାର ହଜାର ସ୍ୱର୍ଣ୍ଣମୁଦ୍ରା ପରୁସ୍କାର ପାଉଥିଲେ। କବିର ସାମାଜିକ ସମ୍ମାନ ଥିଲା ଧିରେ ଧିରେ ଏହା ହ୍ରାସ ହେଇ ଆସିଲା ଓ ବର୍ତ୍ତମାନ ଯୁଗରେ କିଛି ନାହିଁ, କାରଣ ଏ ଯୁଗରେ ମନୋରଞ୍ଜନର ବହୁ ମାଧ୍ୟମ ଅଛି। କବି କବିତା ଲେଖିଲେ ତାହା ଛପାଇବାକୁ ପ୍ରକାଶକ ନାହାନ୍ତି। କବି ଛାପା ଖର୍ଚ୍ଚ ବହନ କରି ବହି ଛପାଇଲେ ମଧ୍ୟ ବହି କିଣିବାକୁ କ୍ରେତା ନାହାନ୍ତି। ବହି ପଢ଼ିବାକୁ ପାଠକ ନାହାନ୍ତି। ସାହିତ୍ୟ ଜଗତରେ ଯାହାକିଛି ପୁରସ୍କାର ବାହାରୁଛି ଯୋଗାଡ଼ଯନ୍ତ୍ର ନକଲେ ତାହା ମିଳୁ ନାହିଁ। ତେଣୁ କବିତା

ଲେଖିବାଟାକୁ ଅନେକ ବେକାର ଧନ୍ଦା ବୋଲି ଭାବନ୍ତି। କବିତା, ବନୀତା, କବି ତା' ପିତା କହିବା ଲୋକ ତା'ର ରସିକ ନେତା କେତେ ହେଁ ରହଇ ଯୋଗ୍ୟତା।

(ଦୀନକୃଷ୍ଣ ଦାସ। 'ରସ କଲ୍ଲୋଳ')

୨. ବିବେକୀ ଗ୍ରାହକ

କୋଟି ଆୟୁ ଘେନି

ବର୍ତ୍ତିଥିଲେ କବି କବିତ୍ୱ

ହୋଇବ କି ମ୍ଲାନି ହେ।

(ଅଭିମନ୍ୟୁ ସାମନ୍ତ ସିଂହାର, ବିଦଗ୍ଧ ଚିନ୍ତାମଣି)

"ଯେଉଁ କୃତି ଜଣେ ପ୍ରତିଭାଧରର କୃତିକୁ କରେ ଅମର ତାହା ତାହା ଆସିଥାଏ ଉର୍ଦ୍ଧ୍ୱ ଲୋକର ଏକ ସଗୁପ୍ତ ସ୍ତରରୁ। ଶବ୍ଦ, ଶୈଳୀ, ମହତ୍ତ୍ୱ, ସୌକୁମାର୍ଯ୍ୟ ଏସବୁ ପ୍ରଚଣ୍ଡ ଅଗ୍ନିର ଏକ ଏକ ସ୍ଫୁରଣ।

(ଶ୍ରୀ ଅରବିନ୍ଦ "ସାବିତ୍ରୀ")

ସମ୍ବଲପୁରୀ ଯଶୋଦା

ହା ପୁତନ୍, ହା ପୁତନ୍ ବୋଲି
ଯାଉ ମୋ ଜୀବନରେ
ମୋର ଘନ୍ କାଲିଆ, ବନ୍ ମାଲିଆ
ଗଲା ରତନ।

ଯମୁନା କୁଲେ କଦମ୍ବ ମୂଳେ
ବୁଲି ମୁଁ ଆଇଲିରେ ପୁତନ୍
ବୁଲି ମୁଁ ଆଇଲି।
କେନ୍ଠାନେ ପୁତନ୍ ତୋର
ଦେଖା ନାଇଁ ପାଇଲିରେ
ଦେଖା ନାଇଁ ପାଇଲି।

ଗାୟ, ଭଏଁସ୍ ନେଇ କରି
ବନେ ଯାଇଥିଲୁ ରେ ପୁତନ୍
ବନେ ଯାଉଥିଲୁ
କଦମ୍ବ ଗଛେ ବୁଗି କରି
ପାନି କେ ଡେଗୁଥିଲୁ
ରେ ପୁତନ୍
ପାନି କେ ଡେଗୁଥିଲୁ।

ବଇଂଶୀ ବଜେଇ ନାଚି ନାଚି
ମନ୍‌କେ ମୋହୁଥିଲୁରେ ପୁତନ୍
ମନ୍‌କେ ମୋହୁଥିଲୁ।
ମା' ମା' ଡାକ ଆଉ
ନାଇଁ ଶୁନି ବ କାନରେ
ଜୀବନ ଧନରେ ମୋର
ଗଲା ରତନ।
ମୋର ମୂୟୁର ଚୂଳ କଦମ୍ବ ଡାଲ
ଜୀବ ଜୀବନ।

କାହାକୁ ମୁଁ କିନ୍ଦୁରୁ ଥିବି
ଗୋରସ ପିଆଇ
ମା' ମା' ବୋଲି କିଏ
ମାଗୁ ଥିବ ଦହି
ତୋର ଚନ୍ଦର୍ ବଦନ୍ ହେଲା ମୋତେ
ସାତ ସପନରେ ପୁତନ୍
ସାତ ସପନ୍
ମୋର ଘନ କାଲିଆ, ବନ୍ ମାଲିଆ
ପୁନେଇ ଜହ୍ନରେ ପୁତନ୍
ପୁନେଇ ଜହ୍ନ।

ଗୋଟିଏ ରାଜ୍ୟର ଭାଷା ଭିନ୍ନ ଭିନ୍ନ ଅଞ୍ଚଳରେ ଭିନ୍ନ ଭିନ୍ନ ଉଚ୍ଚାରଣ ହୁଏ। ଭିନ୍ନ ଭିନ୍ନ ଅଞ୍ଚଳରେ ଭିନ୍ନ ଭିନ୍ନ ଶବ୍ଦ ମଧ୍ୟ ଥାଏ। ଇଂଲଣ୍ଡର ବିଭିନ୍ନ ଅଞ୍ଚଳରେ ସମସ୍ତେ ସମାନ ଇଂରାଜୀ କହନ୍ତି ନାହିଁ। ଭାରତରେ ଉତ୍ତର ଭାରତରେ ଇଂରାଜୀ ଉଚ୍ଚାରଣ ଯାହା ଦକ୍ଷିଣ ଭାରତର ତାହା ନୁହେଁ। ସେହିପରି ପଶ୍ଚିମ ଓଡ଼ିଶା ଦକ୍ଷିଣ ଓଡ଼ିଶାର ଓଡ଼ିଆ ଭାଷା ଉଚ୍ଚାରଣ ଭିନ୍ନ ଭିନ୍ନ। ତେଣୁ ବିଭିନ୍ନ ଅଞ୍ଚଳର ଶବ୍ଦମାନଙ୍କୁ ଆଣି ମୂଳ ଭାଷାରେ ଭର୍ତ୍ତିକଲେ ମୂଳଭାଷା ସମୃଦ୍ଧ ହେବ।

■

ଝରା ଫୁଲ

ମନ ଗହନରେ ଯେଉଁ ଫୁଲ ଫୁଟେ
        ଅଗୋଚରେ ଯାଏ ଝରି
ସରା ଜୀବନ ସେ ଫୁଲର ମହକ
        ମରମକୁ ଦିଏ ଘାରି

ଦାମ୍ପତ୍ୟ ଜୀବନ, କଣ୍ଟକିତ ବନ
        ଅଧା ଖରା, ଅଧା ଛାଇ
ତେଲ ଲୁଣର ସେ ସଂସାର ଭିତରେ
        ରୋମାଞ୍ଚ ମିଳିବ କାହିଁ ?

ମାନ, ଅଭିମାନ, ବିରହ ମିଳନ
        ସବୁ ତ ରୁଟିନ୍ ବନ୍ଧା
ଖାଅ, ପିଅ, ଶୁଅ, ନାଚ, ଡିଅଁ, ଗାଅ
        ଏଥିରେ ଜୀବନ ଛନ୍ଦା ।

ସେ ରୁକ୍ଷ ପ୍ରାନ୍ତରେ ସ୍ମୃତିର ସାଗରେ
        ଭାସିଯାଏ ଝରାଫୁଲ
ସେ ତ ରୋମାଞ୍ଚର ସୁବର୍ଣ୍ଣ ଭଣ୍ଡାର
        କିଏ ହେବ ତାର ତୁଲ ?
    ...

ଦାମ୍ପତ୍ୟ ଜୀବନ ହେଲା ଏକ ନିଷ୍ଠୁର ବାସ୍ତବତା । ରୁଟିନ୍ ବନ୍ଧା ଜୀବନ । ଦାମ୍ପତ୍ୟ ଜୀବନ ସହ ଦାମ୍ପତ୍ୟ କଳହ ମଧ୍ୟ ଅଙ୍ଗାଙ୍ଗି ଭାବେ ଜଡ଼ିତ । ଏ ଜୀବନ ବାହାରେ ଆଉ କେଉଁଠି ଗୋପନ ସମ୍ପର୍କ ଥିଲେ ପ୍ରକୃତ ପ୍ରେମ ସେଇଠି ଥାଏ ।

୧. ଶୁଣିବ ଯଦି ପ୍ରିୟା ଗୋ ମୋର
ପ୍ରଣୟୀ ତବ ଜଗତେ ନାହିଁ ।
ଆସିବ ମୋର ଭସ୍ମପାଶେ
ଦେବ ଗୋଟିକେ ଦେହର ଛାଇ ।
ପାରିବ ଯଦି ଭସ୍ମପରେ
ପଦ୍ମପାଦ ଚାଳିବ ଧିରେ ।
ଜୀବନ ପୁଣି ଲଭିବି ସଖି
ନିଶ୍ଚୟ ମୁଁ ମରଣ ତୀରେ ।

(ଡକ୍ଟର ମାୟାଧର ମାନସିଂହ କବିତା-ପ୍ରେମ ଓ ମୃତ୍ୟୁ)

■

ଗୁରୁ ଜ୍ଞାନମ୍

ଜିଭ ସିନା ବାରେ ସ୍ୱାଦ ବା ଅସ୍ୱାଦ
ଆଉ କେ ବାରଇ ନାହିଁ ।
ଦେହର ସୁଖକୁ ବଳି ଦେବୁ କିରେ
ଜିଭର ମଉଜ ପାଇଁ ?

ମୁଖରେ କହିବୁ ମଧୁର ବଚନ
ବଚନେ କି ଦରିଦ୍ରତା ?
ସକଳ ଜୀବରେ ଦୟା ରଖିଥିବୁ
ତାହା ସିନା ମହାନତା ।

ପିତାମାତା ହେଲେ ପରମ ଦେବତା
ଆଦେଶ ତାଙ୍କର ମାନ ।
ଗୁରୁଜନ ମନେ ଦୁଃଖ ଦେବୁ ଯେବେ
କ୍ରୁଦ୍ଧ ହେବେ ଭଗବାନ ।

ମା' ମାତୃଭୂମି ମାତୃଭାଷା ତିନି
ସରଗଠୁ ବଳୀ ବଡ଼
ଏହି ତିନୋଟିକୁ ଅବହେଳା କଲେ
ପାଲଟି ଯିବୁ ତୁ ଜଡ଼ ।

ଷାଠିଏ ସତୁରି ବରଷ ଜୀବନ

ଆଜି ଅଛି କାଲି ନାହିଁ
ଭଲ କାମ ଟିକେ କରି ଯାଇଥିଲେ
ଅମର ତୁ ଯିବୁ ହୋଇ ।

ପୋଷାକ ଅଟଇ ଦେହର ମଲାଟ
ଆତ୍ମାର ମଲାଟ ଦେହ
ମଲାଟ ଉପରେ ଗୁରୁତ୍ୱ ନ ଦେଇ
ବିଷୟ ଉପରେ ଦିଅ ।

...

ସଂସ୍କୃତ ସାହିତ୍ୟରେ ନୀତିବାଣୀଗୁଡ଼ିକ ମଧ୍ୟ ସାହିତ୍ୟର ଅନ୍ତର୍ଗତ । ଚାଣକ୍ୟଙ୍କ ନୀତିବାଣୀ କ'ଣ ସାହିତ୍ୟ ନୁହେଁ? ସମାଜର ହିତ ସାଧନ କରିବା ସାହିତ୍ୟର ଧର୍ମ । ତେଣୁ ନୀତିବାଣୀ ଠାରୁ ଅଧିକ କିଏ ସମାଜର ହିତ ସାଧନ କରେ ? କିନ୍ତୁ ନୀତିବାଣୀ ରୁକ୍ଷ ନ ହୋଇ ରସାଳ ହେବା ଉଚିତ୍ ।

କେତୋଟି ସଂସ୍କୃତ ନୀତିବାଣୀ:

୧. ଯଥାଗାରଂ ଦୃଢ ସ୍ତମ୍ଭଂ
ଜୀର୍ଣ୍ଣ ଭୂତ୍ୱା ଭବିଷ୍ୟତି
ତଥା ବସୀଦନ୍ତି ନରାଃ
ଜରା ମୃତ୍ୟୁ ବଶଂ ଗତାଃ ।

ଅର୍ଥ- ଆଗାର ଅର୍ଥ ଘର । ଯେତେ ସୁଦୃଢ ଭାବରେ ନିର୍ମିତ ହୋଇଥିଲେ ମଧ୍ୟ ଘରଟି ପୁରୁଣା ହୋଇ ଭାଙ୍ଗି ପଡ଼େ । ସେପରି ଶରୀର ହେଲା ଆତ୍ମାର ଘର ।ଆସନ, ପ୍ରାଣାୟାମ, ସୁଷମ ଖାଦ୍ୟ, ବ୍ୟାୟାମ, ମୋଦକ, ସାଲ୍‌ସା ଇତ୍ୟାଦି ପ୍ରୟୋଗରେ ଯେତେ ସୁଦୃଢ କରିଥିଲେ ଏହା କାଳକ୍ରମେ ବାର୍ଦ୍ଧକ୍ୟ ଓ ମୃତ୍ୟୁର ବଶବର୍ତ୍ତୀ ହୋଇ ଭାଙ୍ଗିପଡ଼େ ।

ଭଗବାନଙ୍କୁ ପ୍ରଶ୍ନ

ଦୁର୍ଜନ ବିନାଶ ଆଉ
ସନ୍ଥ ଜନ ପରିତ୍ରାଣ ପାଇଁ
ଧର କେତେ ଅବତାର
ଯୁଗେ ଯୁଗେ ଆହେ ଭାଗଗ୍ରାହୀ ।

ତେବେ କିପାଇଁ ସୃଷ୍ଟିରେ
ଦୁର୍ଜନଙ୍କ ବଢ଼ୁଛି ଉତ୍ପାତ ?
ମହାଭୟ ପାଇ ଭୀତ
ତ୍ରସ୍ତ ସାଧୁସନ୍ଥ ।

ମହାପାପୀ ଦୁରାଚାରୀ
ହସ୍ତେ ଛୁରୀ ଆଗ୍ନେୟାସ୍ତ୍ର ଧରି
ପଲ୍ଲୀଠାରୁ ଦିଲ୍ଲୀ ଯାଏ
ନିର୍ଭୟରେ ବୁଲୁଛନ୍ତି ଘୂରି ।

ସକଳ ଯୋଜନା ଅର୍ଥ
ଅଳ୍ପକାଳେ କରେ ଗର୍ଭସାତ
ଗାଡ଼ି କିଣେ, କୋଠା ପିଟେ
ଟଙ୍କା ଗଣେ ଅୟୁତ ଅୟୁତ ।

ବଡ଼ ବଡ଼ ସହରରେ
ସୁଶୋଭିତ ହର୍ମ୍ୟ ମାଳ ମାଳ
ବିଲ ବାଡ଼ି ସୀମା ନାହିଁ
ଅଟେ ଯେଣୁ ଲକ୍ଷ୍ମୀଙ୍କ ଦୁଲାଳ ।

ପଦାଘାତେ ପୃଥ୍ୱୀ ଥରେ
ଅକ୍ଳେଶରେ ନେତା, ମନ୍ତ୍ରୀ ହୁଏ
ଦେଶର ସବୁ ସମ୍ପଦ
ଘଡ଼ିକରେ ଚଲୁ କରିଦିଏ ।

କାର୍ଯ୍ୟାଳୟେ ସବୁ କାମ
କ୍ଷଣକେରେ ହୁଅଇ ତାହାର
ଯୋଡ଼ହସ୍ତେ ପଦେ
ଖଟୁଥାନ୍ତି ଅଫିସର ।

ଆଦର୍ଶବାଦୀର ଘରେ
ଦୁଇଦିନ ନ ଜଳଇ ଚୂଲ୍ଲୀ
ପୈତୃକ ସମ୍ପତ୍ତି ବିକେ
ଦାଣ୍ଡେ ବୁଲେ ଧରି ଭିକ୍ଷା ଝୁଲି ।

ପିଲାକୁ ପଢ଼ାଇବାକୁ
ପକେଟରେ ନ ଥାଏ ପଇସା
ପୁଅ ଝିଅ ଅବିଭା ତ
ପଡ଼ିଅଛି ଶନି ମହାଦଶା ।

ମରିଗଲେ ଶବଦାହ
କାଠ ବିନା ହୋଇପାରେ ନାହିଁ
ଭଗବାନ ତୁମ ରାଜ୍ୟେ
ଏହି ସବୁ ଅନ୍ୟାୟ କିପାଇଁ ?

ଧର୍ମ୍ମ ଲଭେ ପରାଜୟ
ଅଧର୍ମର ହୁଏ ସଦା ଜୟ
ଧାର୍ମିକେ ମରନ୍ତି କାନ୍ଦି
ପାପୀମାନେ ଷୋଳଣା ନିର୍ଭୟ ।

■

ବିଦାୟ ମହାମାନବ

ହେ ଗୋପବନ୍ଧୁ !
          ଆଉ ବିଳମ୍ୱ କର କାହିଁକି ?
ଆସିଲେଣି ଯମରାଜ
          ଥାଟ ବାଟ ନେଇ କିହେ ଗୋପବନ୍ଧୁ
ଆଉ ବିଳମ୍ୱ କର କାହିଁକି ?

ଜୀବନ ସାରା କାନ୍ଦିଲ
          ପରର ଦୁଃଖେ।
ପରକୁ ଆହାର ଦେଇ
          ରହିଲ ଭୋକେ।
ହେଲେ ବଢ଼ି ମରୁଡ଼ି
          ପିଲା କୁଟୁମ୍ୱ ଛାଡ଼ି
ଗ୍ରାମେ ଗ୍ରାମେ ବୁଲୁଥିଲ
          ଚୁଡ଼ା, ମୁଢ଼ି ନେଇକି ହେ
ଗୋପବନ୍ଧୁ, ଆଉ ବିଳମ୍ୱ କରି କାହିଁକି ?

ପ୍ରବଳ ବଢ଼ିରେ ଭଙ୍ଗା
          ଡଙ୍ଗାରେ ଚଢ଼ି
ଘରେ ଘରେ ପହଞ୍ଚିଲ
          ଲମ୍ୱାଇ ଦାଢ଼ୀ।

ପର ଦୁଃଖରେ ଦୁଃଖୀ
ପର ସୁଖରେ ସୁଖୀ
ପରର କଷଣେ ଗଲା
କେତେ ଲୁହ ବହିକି ହେ
ଗୋପବନ୍ଧୁ ! ଆଉ ବିଳମ୍ବ କର କାହିଁକି ?

ଉଠିଲାଣି ଅଣଚାଷ ପବନ ପରା
ଘଡ଼ିକରେ ଶୁଖିଯିବ ଜୀବନ ଧାରା
କାନ୍ଦିବେ ଦୁଃଖି ଜନ
ମାଟି, ପାଣି, ପବନ
ମଣି ହରା ଫଣି ହେବ
ଏ ଉତ୍କଳ ଭୂଇଁକି ହେ
ଗୋପବନ୍ଧୁ ! ଆଉ ବିଳମ୍ବ କର କାହିଁକି ?

ଶହେ ବରଷର ବୁଢ଼ା
ବୁଲେ ଆରାମେ
ବାଉନ ବରଷେ
ଚାଲି ଯାଉଛ ତୁମେ ।

ଏ ପରା କଳିକାଳ
ପାପ ଏଠି ପ୍ରବଳ
ଭଲ ଯିଏ ମଲା ସିଏ
ଅଳ୍ପାୟୁଷ ହୋଇକି ହେ
ଗୋପବନ୍ଧୁ ଆଉ ବିଳମ୍ବ କର କାହିଁକି ?

ବ୍ୟାଖ୍ୟା :

ଉତ୍କଳମଣି ଗୋପବନ୍ଧୁ ଦାସ ତା. ୯. ୧୦.୧୮୭୭ରେ ପୁରୀ ନିକଟବର୍ତ୍ତୀ ସୁଆଣ୍ଡୋ ଗ୍ରାମରେ ଜନ୍ମଲାଭ କରିଥିଲେ । ତାଙ୍କ ପିତା ନାମ ଦୈତାରୀ ଦାସ ଓ ମାତାଙ୍କ ନାମ ସ୍ୱର୍ଣ୍ଣମୟୀ ଦାସ । ତା ୨୯.୧୦.୧୯୨୩ରେ ପ୍ରଖ୍ୟାତ ବଙ୍ଗାଳୀ ଶିକ୍ଷାବିତ୍ ପ୍ରଫୁଲ୍ଲ ଚନ୍ଦ୍ର ରାୟ ତାଙ୍କୁ ଉତ୍କଳମଣି ଆଖ୍ୟା ଦେଇଥିଲେ । ପ୍ରାକୃତିକ ଦୁର୍ବିପାକ ସମୟରେ

ସେ ଦୁର୍ଦ୍ଦଶାଗ୍ରସ୍ତମାନଙ୍କୁ ଖାଦ୍ୟ ଓ ବସ୍ତ୍ର ବାଣ୍ଟି ଦରିଦ୍ରଙ୍କର ପ୍ରକୃତ ବନ୍ଧୁ ରୂପେ ପରିଚିତ ଥିଲେ। ବିହାର ଓଡ଼ିଶା ବିଧାନ ସଭାର ସଭ୍ୟ ଥିଲେ। ସାକ୍ଷୀ ଗୋପାଳରେ ବନ ବିଦ୍ୟାଳୟ ପ୍ରତିଷ୍ଠା କରି ଶିକ୍ଷାର ବିସ୍ତାର କରିଥିଲେ। ଓଡ଼ିଶା ପ୍ରଦେଶ କଂଗ୍ରେସର ସଭାପତି ଥିଲେ। ଏହିପରି ଅକ୍ଳାନ୍ତ ପରିଶ୍ରମ କରି ସେ ବ୍ୟାଧିଗ୍ରସ୍ତ ହୋଇ ସାକ୍ଷୀ ଗୋପାଳ ସରକାରୀ ଚିକିତ୍ସାଳୟରେ ଭର୍ତ୍ତିହେଲେ। ସେତେବେଳକୁ ତାଙ୍କୁ ୫୧ ବର୍ଷ ବୟସ। ତା ୧୭.୬.୧୯୨୮ ଦିନ ଅବସ୍ଥା ଗୁରୁତର ହେଲା। ରୋଗ ଶଯ୍ୟା ନିକଟରେ ପଣ୍ଡିତ ନୀଳକଣ୍ଠ ଦାସ, ଆଚାର୍ଯ୍ୟ ହରିହର ଦାସ, ପଣ୍ଡିତ ଲିଙ୍ଗରାଜ ମିଶ୍ର, ପଣ୍ଡିତ ରାମଚନ୍ଦ୍ର ଆଚାର୍ଯ୍ୟ ଇତ୍ୟାଦି ସତ୍ୟବାଦୀ ବିଦ୍ୟାଳୟରେ ଶିକ୍ଷକବୃନ୍ଦ ଉପସ୍ଥିତ ଥିଲେ।

ପୁରୀର ସିଭିଲ୍ ସର୍ଜନ ଟେଲିଗ୍ରାମ ପାଇ ଆସି ପରୀକ୍ଷା କରି କହିଲେ ଯେ ଆଉ ଆଶା ନାହିଁ। ଆଜି ରାତି ପାହିଲେ ପାହିଲେ ପାହିଲା ପରି। ସେ ଗୋଟିଏ ଇଞ୍ଜେକ୍ସନ୍ ଦେଇ ଚାଲିଗଲେ। ଅବସ୍ଥାରେ କିଛି ଉନ୍ନତି ହେଲାନାହିଁ। କିନ୍ତୁ ରାତି ପାହିଗଲା।

ତା ୧୭.୬.୧୯୨୮ ସନ୍ଧ୍ୟା ପାଞ୍ଚଘଣ୍ଟା ତିରିଶ ମିନିଟ୍। ଅବସ୍ଥା କ୍ରମେ ଗୁରୁତର ହେଲା। ସନ୍ଧ୍ୟା ପାଞ୍ଚଘଣ୍ଟା ତିରିଶ ମିନିଟ୍‌ରେ ଗୋପବନ୍ଧୁ ଦୁଇ ହାତଯୋଡ଼ି ଜଗନ୍ନାଥଙ୍କୁ ପ୍ରାର୍ଥନା କରିବାକୁ ଲାଗିଲେ। ଉପସ୍ଥିତ ଅନ୍ୟମାନେ ପ୍ରାର୍ଥନାରେ ଯୋଗଦେଲେ।

ସେଦିନ ଥିଲା ଜଗନ୍ନାଥଙ୍କର ନବଯୌବନ ବେଶ। ରାତି ପାହିଲେ ରଥଯାତ୍ରା। ଜଗନ୍ନାଥଙ୍କର ରଥ ଗଡ଼ିବା ପୂର୍ବରୁ ତା ୧୭.୬.୧୯୨୮ ସନ୍ଧ୍ୟା ସାତଘଣ୍ଟା ପଚିଶ ମିନିଟ୍‌ରେ ଗୋପବନ୍ଧୁଙ୍କ ରଥ ଗଡ଼ିଗଲା। ଓଡ଼ିଶାରେ କିଛି କିଛି ବର୍ଷ ଅନ୍ତରରେ ବଢ଼ି, ମରୁଡ଼ି, ବତାସ ଆସି ବିପୁଳ ଧନ ଜୀବନ ନଷ୍ଟ କରୁଛି। ବିପନ୍ନ ମାନଙ୍କୁ ସରକାରୀ ସହାୟତା ଓ ବିଭିନ୍ନ ସଂଗଠନର ସହାୟତା ମିଳୁଛି। କିନ୍ତୁ ଲୋକେ ଗୋପବନ୍ଧୁଙ୍କୁ ହିଁ ବେଶୀ ମନେ ପକାଉଛନ୍ତି। ସେବା କ୍ଷେତ୍ରରେ ତାଙ୍କର ସ୍ଥାନ କେହି ନେଇ ପାରୁନାହାନ୍ତି। କାରଣ ସ୍ୱାର୍ଥଥାଇ ସେବା କରିବା ଅଲଗା, ନିଃସ୍ୱାର୍ଥପର ଭାବରେ ସେବା କରିବା ଅଲଗା।

ବଳଭଦ୍ରାୟ ନମଃ

ଅମିତ ବିକ୍ରମଶାଳୀ ପ୍ରଭୁ ବଳରାମ
ଦୁଷ୍ଟ, ନଷ୍ଟ, ଭ୍ରଷ୍ଟାଚାରୀ ମାନଙ୍କର ଯମ।
ଲଙ୍ଗଳ, ମୂଷଳ ଧରି କଲେ ରେରେକାର
ମହାଭୟେ ତିନିପୁର ହୁଏ ଥରହର।

ପଛକୁ ନ ଚାହିଁ ଧାଏଁ
ବୀର ଭୀମସେନ
ଗାଣ୍ଡିବ ହାତରୁ ଖସେ
ବିବଶ ଅର୍ଜୁନ।

ଶ୍ରୀକୃଷ୍ଣଙ୍କ ହସ୍ତୁ ଚ୍ୟୁତ
ହୁଏ ସୁଦର୍ଶନ।
କୌରବ ପାଣ୍ଡବ ସେନା
ଭୟରେ ବିବର୍ଣ୍ଣ।

କଳି ଯୁଗେ ଶ୍ରୀମନ୍ଦିରେ
ବଳଭଦ୍ର ତୁମେ
ଅନନ୍ତ ନାଗ ତୁମର
ମସ୍ତକକୁ ଚୁମେ।

ମହା ପରାକ୍ରମୀ ତୁମେ
              ରୋହିଣୀ କୁମର
ଗଜାଘାତେ ଧ୍ୱଂସ କଲ
              କେତେ ଯେ ଅସୁର।

ଗଙ୍ଗା ଯମୁନା ପରାୟେ
              କୃଷ୍ଣ, ବଳରାମ
କେତେ ଯଶ ରଖିଗଲ୍
              ଏହି ଧରା ଧାମ।

ହଳଧର କୃପାକର
              ରକ୍ଷା ହେଉ ଦେଶ
କାଳେ ମେଘ ବର୍ଷା ହେଉ
              ପୂର୍ଣ୍ଣ ହେଉ ଶସ୍ୟ।

ଶେଷେ ଏତିକି ପ୍ରାର୍ଥନା
              ଆହେ ମହାବାବୁ
କୃଷି ଆଉ କୃଷକର
              ଦୁଃଖ ଦୂର ହେଉ।

ବ୍ୟାଖ୍ୟା-
ବସୁଦେବଙ୍କୁ ଯେତେବେଳେ
              ଧରି ଆଣିଲା କଂସ ବଳେ
ତାହାର ପତ୍ନୀ ନନ୍ଦ ଘରେ
              ଯାଇ ଲୁଚିଲା କଂସ ଡରେ।
ରୋହିଣୀ ନାମ ବିଦ୍ୟମାନ
              ତାହାର ଗର୍ଭଅଛି ଶୂନ୍ୟ।

ଦେବକୀ ଦେବୀ ନିଦ୍ରାକାଳେ
ଗର୍ଭ ହରିବୁ ଯୋଗବଳେ।
ରୋହିଣୀ ଗର୍ଭେ ତାହା ଥୋଇ
ମିଳିବୁ ନନ୍ଦ ଘରେ ଯାଇ

ସିଂହ ପୂର୍ଣ୍ଣମୀ ଦିନସାର
ରୋହିଣୀ ପ୍ରସବେ କୁମର
ଧବଳ ଜ୍ୟୋତି ରୂପ ପୁଣି
ଶିରେ ଶୋଭିତ ସପ୍ତ ଫେଣି
ଅପୁଆ ଘରେ ପୁତ୍ର ଜାତ
ଦେଖି ଆନନ୍ଦ ନନ୍ଦ ଚିତ୍ତ।
ମୋହର ଘରେ ପୁତ୍ର ନାହିଁ
ଏ ମୋତେ କାରଣ ଅଟଇ।
(ଭାଗବତ, ୧୦ମ ସ୍କନ୍ଧ, ୩ୟ ଅଧ୍ୟାୟ)

ମାତା କଦା କୁମାତା ନ ଭବତି

ମା' ମା' ବୋଲି କେତେ ମୁଁ ଡାକିଲି
ମା' ଚାଲିଗଲୁ କାହିଁ ?
ସଂସାର ସାଗର ଅତି ଭୟଙ୍କର
ଏକାକୀ ମୁଁ ଗଲି ହୋଇ ।

ସମସ୍ତେ ନକଲି ମା' ତ ଅସଲି
ଅସଲି ତା' ସ୍ନେହ ପ୍ରେମ
ଯେତେ ଯେତେ ମିଠା ଚିନି ଦିଆ ପିଠା
କେ ହେବ ଅମୃତ ସମ ?

ସବୁ ଜିନିଷର ତୁଳନା ଅଛିରେ
ମା'ର ତୁଳନା ନାହିଁ
ଯେତେ ଯେତେ ନଈ ଯାଉଛନ୍ତି ବହି
ଗଙ୍ଗା କି ପାରିବେ ହୋଇ ?

ବଜାରେ ବସିଛି ହଜାରେ ପସରା
ଖାଣ୍ଟି ସୁନା ମିଳେ ନାହିଁ
ଅଖାଣ୍ଟି ଘିଅକୁ ଖାଣ୍ଟି ବୋଲି କିଣୁ
ତଣ୍ଟିରେ ଲଗାମ ଦେଇ ।

ପୁତ୍ର ହୋଇପାରେ କୁପୁତ୍ରରେ ବାବୁ
ପୁତ୍ର ହୋଇପାରେ କୁପୁତ୍ରରେ ବାବୁ
 ପିତୃଦ୍ରୋହୀ, ମାତୃ ଦ୍ରୋହୀ
ମା'ସବୁ ବେଳେ ଖାଣ୍ଟି ଘିଅ ମହୁ
 କୁମାତା ଜଗତେ ନାହିଁ।

ବିରଥ ସାରଥି

ରେ ମନ ବାଇ !
      ଏ ବୁଦ୍ଧି କଲୁ କାହିଁ ପାଇଁକି ?
ଆସିଥିଲୁ ଖାଲି ହାତେ
      ଗଲୁ ଖାଲି ହୋଇକିରେ
ମନ ବାଇ, ଏ ବୁଦ୍ଧି କଲୁ କାହିଁ ପାଇଁକି ?

ମିଛ ମାୟା ସଂସାର
      କେହି ନୁହେଁ କାହାର
ସବୁ କିଛି ଦେଇ ପର
      ଗଲୁ ଶୂନ୍ୟ ହୋଇକିରେ
ମନବାଇ, ଏ ବୁଦ୍ଧି କଲୁ କାହିଁ ପାଇଁକି ?

ହସି ତୁ ହସାଉଥିଲୁ ଜୀବନ ସାରା
କାନ୍ଦି ତୁ କନ୍ଦାଇ ଗଲୁ
      ପାହାନ୍ତି ତାରା,
ଜଗନ୍ନାଥଙ୍କର ଦୟା
      ତୋତେ ହେଲା ନାହିଁକିରେ
ମନ ବାଇ ! ଏ ବୁଦ୍ଧି କଲୁ କାହିଁପାଇଁକି ?

କେଉଁ ଅପଶକ୍ତି ତୋର
      ମୁଣ୍ଡେ ପଶିଲା ?

ଅବାଟରେ ବାଟ ତୋତେ
କଢ଼ାଇ ନେଲା
ନଦୀ ଏ ପଟେ ରହି
ଆରପଟକୁ ଚାହିଁ
ଭାବିଲୁ ସେ ପଟ ଭଲ
ଚାଲିଯିବୁ ଡେଇଁକିରେ
ମନବାଇ ! ଏ ବୁଦ୍ଧି କଲୁ କାହିଁ ପାଇଁକି ?

ବ୍ୟାଖ୍ୟା :

ମାନସିକ ଅବସାଦରୁ ଆତ୍ମହତ୍ୟା ପ୍ରବୃତି ଜନ୍ମେ । ପାରିବାରିକ ଅଶାନ୍ତି, ଆର୍ଥିକ ଅସ୍ୱଚ୍ଛଳତା, ପରୀକ୍ଷାରେ ଅକୃତକାର୍ଯ୍ୟତା, ଇତ୍ୟାଦି ବହୁ କାରଣରୁ ଆତ୍ମହତ୍ୟା ପ୍ରବୃତ୍ତି ଜନ୍ମେ । ଏହି କାରଣଗୁଡ଼ିକ କାହାକୁ କହି ହୁଏ ନାହିଁକି ସହି ହୁଏ ନାହିଁ । ସେତେବେଳେ ମଣିଷ ଭାବେ ଯେ ଜୀବନ ହାରିଦେଲେ ସବୁ ସମସ୍ୟାରୁ ମୁକ୍ତି ମିଳିଯିବ । ସେ ଭୁଲିଯାଏ ଆତ୍ମହତ୍ୟା ଏକ ଦଣ୍ଡନୀୟ ଅପରାଧ । ସେ ଭୁଲିଯାଏ ଆତ୍ମହତ୍ୟା ମହାପାପ । ଆତ୍ମହତ୍ୟା ପ୍ରବୃତ୍ତି ଜାଗିବା ମାତ୍ରେ ଯଦି ସେ ତାକୁ ନିୟନ୍ତ୍ରଣରେ ରଖିଦେବ ତେବେ କିଛି ହେବନାହିଁ । ସେଥିପାଇଁ ଯୋଗ, ପୁସ୍ତକ ପଠନ ଇତ୍ୟାଦିରେ ସମୟ ବ୍ୟୟ କରିବା ଉଚିତ୍ । ବଡ଼ ବଡ଼ ଡାକ୍ତରଖାନାରେ ମନରୋଗ ବିଶେଷଜ୍ଞମାନେ ରହୁଛନ୍ତି । ସେମାନଙ୍କ ସହ ପରାମର୍ଶ କରିବା ଉଚିତ୍ । ମନେ ରଖିବା ଉଚିତ୍ ଆତ୍ମହତ୍ୟା ଦେହର ମରଣ ହେବ, ଆତ୍ମାର ମରଣ ହେବ ନାହିଁ । ତେଣୁ ସମସ୍ୟାର ସମାଧାନ ହେବନାହିଁ । ଜୀବାତ୍ମା ଆର୍ତ୍ତନାଦ କରି ଘୂରିବୁଲିବ ।

ଓଡ଼ିଶାରେ ପ୍ରତିଦିନ ୧୫ରୁ ଅଧିକ ଲୋକ ଆତ୍ମହତ୍ୟା କରୁଛନ୍ତି । ଜାତୀୟ ଅପରାଧ ରେକର୍ଡ଼ ବ୍ୟୁରୋ ରିପୋର୍ଟରୁ ପ୍ରକାଶ ଯେ ୨୦୨୧ରେ ୫୬୪୯ଜଣ, ୨୦୨୨ରେ ୬୧୪୦ଜଣ ୨୦୨୩ରେ ୫୬୮୯ଜଣ ଓଡ଼ିଶାରେ ଆତ୍ମହତ୍ୟା କରିଛନ୍ତି । ଏହି ସଂଖ୍ୟା ପ୍ରତିବର୍ଷ ବୃଦ୍ଧି ପାଉଛି । ପରୀକ୍ଷାରେ ବିଫଳତା ହେତୁ ଛାତ୍ର ଆତ୍ମହତ୍ୟା ବୃଦ୍ଧି ପାଉଛି । ଦାମ୍ପତ୍ୟ କଳହ ହେତୁ, ଶାଶୂ ବୋହୂ କଳହ ହେତୁ ମଧ୍ୟ ଆତ୍ମହତ୍ୟା ବୃଦ୍ଧି ପାଉଛି । ସମାଜରେ ସମ୍ମାନ ନଷ୍ଟ ହେଲେ ଲୋକ ନିନ୍ଦାରୁ ପାର ହେବା ପାଇଁ ବାଧ୍ୟ ମଣିଷ ଆତ୍ମହତ୍ୟା କରେ । କିଏ ବିଷ ପାନକରେ କିଏ ରେଳ ଚକତଳେ ପଡ଼ିଯାଏ, କିଏ ବେକରେ ରସି ଲଗାଇ ଫ୍ୟାନ୍‌ରେ ଓହଳି ପଡ଼େ । ସେତେବେଳେ ଯେଉଁ କଷ୍ଟ ହୁଏ ଜୀବାତ୍ମା ମୃତ୍ୟୁ ପରେ ମଧ୍ୟ ସେ କଷ୍ଟ ଭୋଗ କରୁଥାଏ । ବର୍ଷ ବର୍ଷ ଧରି କରୁଥାଏ । କୌଣସି ସିଦ୍ଧ ପୁରୁଷଙ୍କ ଦୟା ହେଲେ ଯାଇ ସେ ଯନ୍ତ୍ରଣାରୁ ମୁକ୍ତି ପାଏ, ନଚେତ୍ ନାହିଁ । ■

ଚାଷୀର ସଂସାର

ଆମରି ଗାଆଁର ଲୋକା ପଧାନ
ଆଖି ବଡ଼ ବଡ଼ ମୁଣ୍ଡଟି ସାନ
ବିବାହ ତିରିଶ ବରଷ ହେଲା
ଗୋଟେ ଊଣା ଦେଢ଼ ଡଜନ ପିଲା ।

ଏ ବର୍ଷ ପୁଡୁଗ ବାନ୍ଧିଛି ଗୋରୀ
ନିତି ଖାଉଅଛି ଖଡ଼ା ତର୍କାରୀ
ଢିଙ୍କିଶାଳ ଘରେ ଶେଯ ବିଛାଇ
ଗଡୁଥାନ୍ତି ବାପା, ମା' ଓ ଭାଇ ।

ବାରିଘରେ ଭାତ ହେଉଛି ରନ୍ଧା
ଦାଣ୍ଡ ଘରଟିରେ ବଳଦ ବନ୍ଧା ।
ଦିନସାରା ଚାଲେ ଭୋଜନ ଲୀଳା
ଭଜନ ଗାଅଇ ମଝିଆ ଶଳା ।

ଏରେଣ୍ଡିରେ ବସି ନଣନ୍ଦ ଚଣ୍ଡୀ
ଯାଦୁ ରାମ୍ପୁଥାଏ ଝାଂପୁରି ମୁଣ୍ଡି
ଘର ସାମନାରେ ଶଗଡ଼ ଥୁଆ
ପିଣ୍ଡାରେ ଲଙ୍ଗଳ କି ଶୋଭା ଆହା ।

କେମ୍ପି ଝିଅ ବସି ଛାଡ଼ଇ ରଡ଼ି

ଲେଙ୍ଗଡ଼ା ପୁଅଟି ଚୋବାଏ ମୁଢ଼ି।
ଅପାନ ବାୟୁର ଘୋର ଗର୍ଜନ
ଥରହର କରେ ତିନି ଭୁବନ।

ଘରେ କଳିଗୋଳ ନିଇତି ଚାଲେ
ଗାଉଁଲୀ ସଂସ୍କୃତ କହନ୍ତି ପିଲେ।
ରାତିରେ ମାଣ୍ଡିଆ ଚକୁଳି ହୁଏ
ଗୁଡ଼ ଦେଇ ଖାଉଥାନ୍ତି ପିଲାଏ।

ଦୁଇଦିନେ ଥରେ ହୁଅଇ କାଞ୍ଜି
ହାପୁଡ଼େ ମାଇପ ମନକୁ ରଞ୍ଜି।
କିଣା ହୁଏ ଭଜା ମଟର ଚଣା
ମା' ଡୁବୁ ଡୁବୁ ପିଲା କାନ୍ଦଣା।

ଶାଳୀ ଖେଳେ ବର ଓହଳେ ଦୋଳି
ଗାଉଥାଏ କେତେ ଢଗଢମାଳି
ଏମନ୍ତ ସେ ଲୋକା ପଧାନ ଚାଷୀ
ଖଞ୍ଜଣି ବଜାଏ ପିଣ୍ଡାରେ ବସି
ନିତମ୍ବରେ ଛିଣ୍ଡା ଗାମୁଛା ବାନ୍ଧି
କପାଳକୁ ନିନ୍ଦେ ନାକରେ କାନ୍ଦି।

...

ଅମୃତ ସନ୍ତାନ

(ମନୋଜ ଦାସଙ୍କ ସ୍ୱର୍ଣ୍ଣିମ ସ୍ମୃତିରେ)

ଲେଖନୀରୁ ବର୍ଷା ହୁଏ ଅମୃତର ଧାର
ଚିନ୍ତା, ଚେତନା ଅମୃତ
ସୁଗଭୀର ଅମୃତ ସାଗର।

ତୁମକୁ ପଢ଼ିଲେ ଲାଗେ
ଅସାର ଏ ସଂସାରର ନଇ
ଅତି ମାନସ ଜଗତେ
ନିମିଷକେ ନିଅତ ଉଡ଼ାଇ।

ଦୃଶ୍ୟ ଜଗତରୁ ନେଇ
ଅଦୃଶ୍ୟ ଜଗତେ
ବୁଲାଇ ଭେଟାଅ କେତେ
ଅଶରୀରି ସାଥେ।
କହ ପୁଣି ସମାଜର କଥା
ବ୍ୟଙ୍ଗ ରଙ୍ଗରେ ରଙ୍ଗାଇ
କାହାଣୀ ବିଚିତ୍ରା
ଧନ ଆଉ ପ୍ରଲୋଭନ
ତୁଚ୍ଛ କରି ଦେଇ
ଆଧ୍ୟାତ୍ମିକ ସାଗରରେ
ଝାସ ଦେଲ କେଉଁ ସୁଖ ପାଇଁ?

ଆସିବ ଅତି ମାନସ
　　　　ସଂସାରରେ ସତ୍ୟର ପ୍ଲାବନ
ହଟି ଯିବ ରୋଗ, ଶୋକ
　　　　ଶେଷ ହେବ ବାର୍ଦ୍ଧକ୍ୟ ମରଣ।
ତୁମେ ବି ଭେଟିଲ ସେହି
　　　　ସଂସାରର ଚିରନ୍ତନ ସତ୍ୟ
ଭାସିଗଲ ମୃତ୍ୟୁ ନୀରେ
　　　　ଶ୍ମଶାନରେ ହୋଇଲ ବିଲୁପ୍ତ।

...

ବ୍ୟାଖ୍ୟା:

ଓଡ଼ିଆ ସାହିତ୍ୟର ମହାନାୟକ ମନୋଜ ଦାସଙ୍କର ଜନ୍ମ ତା ୨୭. ୧୨. ୧୯୩୪ରେ ବାଲେଶ୍ୱର ଜିଲ୍ଲା ଭୋଗରାଇ ବ୍ଲକର ଶଂଖାରୀ ଗ୍ରାମରେ ସେ ନିଜ ଗ୍ରାମରେ ବିଦ୍ୟାରମ୍ଭ କରିଥିଲେ, ବାଲେଶ୍ୱର ଜିଲ୍ଲା ହାଇସ୍କୁଲରୁ ମାଟ୍ରିକ୍ ପାଶ୍ କରିଥିଲେ୧୯୫୧ ମସିହାରେ। ବାଲେଶ୍ୱର ଫକୀରମୋହନ କଲେଜରୁ ଆଇ.ଏ. ପାଶ୍ କରିଥିଲେ। ପୁରୀ ଚନ୍ଦ୍ରଶେଖର କଲେଜରୁ ବି.ଏ. ଏବଂ ରେଭେନ୍‌ସା କଲେଜରୁ ଇଂରାଜୀରେ ଏମ୍.ଏ. ଏବଂ ମଧୁସୂଦନ ଆଇନ୍ ମହାବିଦ୍ୟାଳୟରୁ ଏଲ୍.ଏଲ୍.ବି. ପାଶ୍ କରିଥିଲେ। ସେ କଟକ ଷ୍ଟୁଆର୍ଟ କଲେଜର ଅଧ୍ୟାପକ ଥିଲେ ଏବଂ ୧୯୬୩ ମସିହାରେ ପଣ୍ଡିଚେରୀ ଅରବିନ୍ଦ ଆଶ୍ରମରେ ଯୋଗଦେଲେ। ସେଠାରେ ଶ୍ରୀ ଅରବିନ୍ଦ ଆନ୍ତର୍ଜାତିକ ଶିକ୍ଷାକେନ୍ଦ୍ରରେ ଅଧ୍ୟାପନ କଲେ। ସେଠାରେ ତା ୨୭.୪.୨୦୨୧ ରେ ତାଙ୍କର ମହାପ୍ରୟାଣ ଘଟିଲା। ମନୋଜ ଦାସ ୧୯୭୨ରେ "କଥା ଓ କାହାଣୀ" ପାଇଁ କେନ୍ଦ୍ରସାହିତ୍ୟ ଏକାଡେମୀ ପୁରସ୍କାର ୧୯୮୦ରେ "ଧୂସର ଦିଗନ୍ତ ଓ ଅନ୍ୟାନ୍ୟ କାହାଣୀ" ପାଇଁ ସାରଳା ପୁରସ୍କାର, "କେତେ ଦିଗନ୍ତ" ପାଇଁ ଅତିବଡ଼ୀ ଜଗନ୍ନାଥ ଦାସ ପୁରସ୍କାର, ୨୦୨୦ରେ ପଦ୍ମଭୂଷଣ ଉପାଧି ୧୯୯୪ରେ ଗଙ୍ଗାଧର ରଥ ଫାଉଣ୍ଡେସନ୍‌ରୁ "ସାହିତ୍ୟ ଭାରତୀ ପୁରସ୍କାର" ପାଇଛନ୍ତି।

"ମନୋଜ ଦାସଙ୍କୁ କ୍ଷୁଦ୍ର ଗଳ୍ପ ଲେଖକ ଅପେକ୍ଷା କ୍ଷୁଦ୍ରଗଳ୍ପ କଥକ କହିବା ଅଧିକ ସମୀଚୀନ। ତାଙ୍କ କଥନ ଶୈଳୀରେ ବୈଦଗ୍ଧ ଭଙ୍ଗୀରେ ଲଘୁଧର୍ମୀ ଚଟୁଳତା, ପୁଣି ଘଟଣା ସୃଷ୍ଟିରେ ବିଶ୍ୱାସର ଅଯୋଗ୍ୟ ଏକ ପ୍ରତ୍ୟୟ ପାଠକ ମନରେ ସୃଷ୍ଟିକରି

ପାଠକ ମନରେ ବିସ୍ମୟକର ପରିସମାପ୍ତି ଟାଣିବା ତାଙ୍କ ଗଳ୍ପରେ ବୈଶିଷ୍ଟ୍ୟ (ସୁରେନ୍ଦ୍ର ମହାନ୍ତି, ଓଡ଼ିଆ ସାହିତ୍ୟର କ୍ରମବିକାଶ, ପୃଷ୍ଠା)

"ଓଡ଼ିଆ ମୋର ମାତୃଭାଷା। ମୋ' ଚେତନାରେ ତାହାର ବିକଳ୍ପ ନାହିଁ। ଓଡ଼ିଶାର ପାଠକ ସମାଜର ରୁଚି ବହୁତ ଉନ୍ନତ ବୋଲି ମୋର ବିଶ୍ୱାସ।"

(ମନୋଜ ଦାସ "ସତ୍ୟ, ଅସତ୍ୟ ଓ ଅନ୍ୟାନ୍ୟ ପ୍ରସଙ୍ଗ)

ମହର୍ଷି କାଲାମ୍

ସଲାମ୍ ସଲାମ୍ ଅବଦୁଲ୍ କାଲାମ୍
ସଲାମ୍ ଘେନ ମୋର
ଭାରତ ଜନନୀ ମୁକୁଟ ହୀରକ
ବୈଦୁର୍ଯ୍ୟ, ମାଣିକ୍ୟ ହାର ।

କାହିଁ ଚାଲିଗଲ ଆହେ ପ୍ରିୟତମ
ପଦ ଚିହ୍ନ ଗଲା ଲିଭି
ଏ ମୋର ଭାରତ ଶୋକରେ ଆରତ
ହେଜି ହେଜି ତୁମ ଛବି ।

ହିମାଳୟ ପରି ଉତ୍ତୁଙ୍ଗ ବ୍ୟକ୍ତିତ୍ୱ
ପବିତ୍ର ଗଙ୍ଗାଧର
ତୁମ ପଦ ତଳେ ଲୋଟୁଥିଲା ପରା
ରାଷ୍ଟ୍ରପତି ପଦ ଛାର ।

ସୂର୍ଯ୍ୟଠାରୁ ତୁମେ ଅଧିକ ତେଜସ୍ୱୀ
ରିକ୍ତ, ବୈରାଗୀ ଶିବ
କେତେ ରାଷ୍ଟ୍ରପତି ଆସିବେ ଯିବେ
ତୁମ ପରି କିଏ ହେବ ?

...

ଅବଦୁଲ କାଲାମ ୨୦୦୨ରୁ ୨୦୦୭ ପର୍ଯ୍ୟନ୍ତ ଭାରତର ରାଷ୍ଟ୍ରପତି ଥିଲେ । ତାଙ୍କୁ

୨ଥର ରାଷ୍ଟ୍ରପତି କରିବା ପାଇଁ ବି.ଜେ.ପି ର ପ୍ରସ୍ତାବ ସତ୍ତ୍ୱେ କଂଗ୍ରେସ ପରିଚାଳିତ ୟୁ.ପି.ଏ. ସରକାର ସମର୍ଥନ ନ କରିବାରୁ ସେ ରାଷ୍ଟ୍ରପତି ପ୍ରାର୍ଥୀ ହେଲେ ନାହିଁ। ୨୦୦୨ରେ ବି.ଜେ.ପି. ସରକାର ତାଙ୍କୁ ରାଷ୍ଟ୍ରପତି ପ୍ରାର୍ଥୀ କରିଥିଲା। କିନ୍ତୁ ୨୦୦୪ରେ ଏନ୍.ଡି.ଏ. ସରକାର ଆସି ପ୍ରତିଭା ପାଟିଲ୍‌ଙ୍କୁ ରାଷ୍ଟ୍ରପତି ପ୍ରାର୍ଥୀ କଲା।

ଅବ୍‌ଦୁଲ୍ କାଲାମ ରାଷ୍ଟ୍ରପତି ହେବା ପୂର୍ବରୁ ଜଣେ ମହାକାଶ ବିଜ୍ଞାନୀ ଓ କ୍ଷେପଣାସ୍ତ୍ର ବୈଜ୍ଞାନିକ ଥିଲେ। ତାଙ୍କର ଆତ୍ମଜୀବନୀ ହେଲା "Wings of the Fire".

■

ମା'ର ମମତା

ମୋର କଳାପାନ କିରିପିନିକି
କିଏ ସେ ନେଲାରେ !
ଝୁରି ଝୁରି ମରିବାକୁ
ଦଇବ କଲାରେ ।

ରାତିକ ସାତ ରାତି
ହେଲା ପୁଣି ପାହାନ୍ତି
ନାଗର ନଟବର
ତୁଚ୍ଛା ପଲଙ୍କ ତୋର
କ୍ଷୀର ପିଇବା ପାଇଁ
ଆଉ କହ୍ନେଇଁ ନାହିଁ
ଝୁମୁରୁ ଝୁମୁରୁ ଚାଲି ତୋର
ସପନ ହେଲାରେ ।
ମୋର କଳାପାନ କିରିପିନିକି
କିଏ ସେ ନେଲାରେ ।

ରାବିଲା ପ୍ରାୟେ ଶାରୀ
ପକାଉ ଆଉ ହୁରି
ମୋର କାନିକି ଧରି
ଚାଲୁ ତୁ ଥିରି ଥିରି
ମୋ ସହ ଦହି ମନ୍ଥି

ପିଉ ତୁ ବେଳାରେ
ମୋର କଳାପାନ କିରିପିନିକି
କିଏ ସେ ନେଲାରେ ।

ଗୀତ ଶୁଣିବା ପାଇଁ
ହୋଇ ଯାଉତୁ ବାଇ
ଅନ୍ଧାର ଘର ଦେଖି
ଭୟେ ବୁଜୁ ତୁ ଆଖି
ବୁଲାଇ, ବୁଲାଇ ଶୁଆଇବାର
ସପନ ହେଲାରେ
ଯମୁନା ଜଳେ ଡେଇଁ
ତୋଳୁ ତୁ ପଦ୍ମ କଇଁ
ବଣରୁ ଆଣୁ କୋଳି
ଫୁଲ ଭଳିକି ଭଳି
ମା' ମା' ଡାକି କିଏ
ହୋଇବ ଗେଲାରେ
ମୋର କଳାପାନ କିରିପିନିକି
କିଏ ସେ ନେଲାରେ ।

ବ୍ୟାଖ୍ୟା :

ଶ୍ରୀକୃଷ୍ଣ ଯଶୋଦାଙ୍କର ପାଳିତ ପୁତ୍ର ଥିଲେ । ଯଶୋଦା ଜନ୍ମ ସମୟରୁ ଆଠବର୍ଷ ପର୍ଯ୍ୟନ୍ତ ତାଙ୍କୁ ଲାଳନ ପାଳନ କରିଥିଲେ । ତେଣୁ ତାଙ୍କୁ ହିଁ ଶ୍ରୀକୃଷ୍ଣଙ୍କର ପ୍ରକୃତ ମା' ବୋଲି ଗ୍ରହଣ କରାଯାଏ । ଭାରତୀୟ ସାହିତ୍ୟରେ ଓ ଧର୍ମ୍ମ ଧାରାରେ ଶ୍ରୀକୃଷ୍ଣଙ୍କର ବାଲ୍ୟଜୀବନ ସମ୍ପର୍କିତ ଯଶୋଦାଙ୍କର ମାତୃ ସ୍ନେହର ବିପୁଳ ବର୍ଣ୍ଣନା ରହିଛି ।

ସେହି ଶ୍ରୀକୃଷ୍ଣ ଯେତେବେଳେ ମଥୁରା ଚାଲିଗଲେ ପୁତ୍ର ବିଚ୍ଛେଦରେ ମା'ର କାରୁଣ୍ୟ ଅବର୍ଣ୍ଣନୀୟ । ବର୍ତ୍ତମାନ ଯଶୋଦାଙ୍କ ପାଇଁ ସାରା ଜଗତ ମରୁମୟ । ସେ ଅତୀତକୁ କେବଳ ଝୁରି ହେଉଛନ୍ତି "ସ୍ମୃତି ତ କଦାପି ନୁହେଁ ଫିଙ୍ଗିବାର-ଫିଙ୍ଗି ପାରିଲେ ସେ ଲଭନ୍ତା ନିସ୍ତାର । (ରାଧାନାଥ)

■

କରୋନା

ମଣିଷର ସବୁ ଗର୍ବ ଅହଙ୍କାର
କ୍ଷଣକରେ କରେ କରୋନା ଖର୍ବ
ଆଜି ଯେ ରାଜେନ୍ଦ୍ର ପରାକ୍ରମେ ଇନ୍ଦ୍ର
ଆସନ୍ତା କାଲି ସେ ପାଲଟେ ଶବ ।

ଜୁଇ ଲିଭୁ ନାହିଁ ଲୁହ ଶୁଖୁ ନାହିଁ
ନିଃଶ୍ୱାସକୁ ଆଉ ବିଶ୍ୱାସ ନାହିଁ
ପଢ଼ି ସମାଚାର ଅସହାୟ ନର
କାନ୍ଦେ ହନୁମାନ ଚାଳିଶା ଗାଇ ।

ଚାଇନା କବଳେ କୈଳାସ ପର୍ବତ
ଗନ୍ଧ ମାର୍ଦ୍ଦନରେ ଔଷଧ ନାହିଁ
ବରଷାରେ ଭିଜେ ସକଳ ଭରସା
ମାଡ଼ି ଆସୁଅଛି ମରଣ ନଈ ।

ଜୀବନର ବାଲିବନ୍ଧ ଧୋଇଯାଏ
ଏତିକି ପ୍ରାର୍ଥନା ହେ ମହାବାହୁ
ଶ୍ରୀରାମ, ଲକ୍ଷ୍ମଣ, ସୀତା ହନୁମାନ
ରଟୁ ରଟୁ ଏହି ଜୀବନ ଯାଉ ।

...

ବ୍ୟାଖ୍ୟା- ପୂର୍ଣ୍ଣ ସୂର୍ଯ୍ୟ ପରାଗ ସମୟରେ ଗୋଟିଏ କୃଷ୍ଣ ଗୋଲକ ଚାରିପଟେ ଉଜ୍ଜ୍ୱଳ ସୂର୍ଯ୍ୟକିରଣ ଘେରି ରହିଥିବାର ଦେଖାଯାଏ। ଏହାକୁ କରୋନା କୁହାଯାଏ। ଅର୍ଥାତ୍ Crown ବା ମୁକୁଟ। କରୋନା ଭୂତାଣୁର ଏଥି ସହ ସାମଞ୍ଜସ୍ୟ ଥିବାରୁ ଏହାକୁ କରୋନା କୁହାଯାଏ। ତା ୨୭.୫.୨୦୨୦ରେ ଚୀନର ଉହାନ୍ ସହରରେ ଡକ୍ଟର ଲିୟେନ୍ ୟାଙ୍ଗ ପ୍ରଥମେ ଏହି ଭୂତାଣୁ ଆବିଷ୍କାର କରିଥିଲେ। ପରେ ସେ ଏଥିରେ ଆକ୍ରାନ୍ତ ହୋଇ ପ୍ରାଣତ୍ୟାଗ କଲେ। ତା ୩୦.୧.୨୦୨୦ରେ ମହାରାଷ୍ଟ୍ରର ନାନ୍‌ଦେନ୍ ଠାରେ ପ୍ରଥମ କରୋନା ଭୂତାଣୁ ଚିହ୍ନଟ ହେଲା।

୧୯.୩.୨୦୨୦ରେ ସରକାର ୨୨.୩.୨୦୨୦ ପର୍ଯ୍ୟନ୍ତ ଦେଶରେ କର୍ଫ୍ୟୁ ଜାରୀକଲେ ଓ ସକାଳ ୭ରୁ ରାତି ୯ ପର୍ଯ୍ୟନ୍ତ କେହି ଘରୁ ନ ବାହାରିବା ପାଇଁ ନିର୍ଦ୍ଦେଶ ଦେଲେ। ୨୪.୩.୨୦୨୦ ରୁ ୧୪.୪.୨୦୨୦ ପର୍ଯ୍ୟନ୍ତ ୨ୟ ଲକ୍‌ଡାଉନ୍ ଘୋଷଣା କଲେ। ୨୬.୩.୨୦୨୦ ସୁଦ୍ଧା ଭାରତରେ ଆକ୍ରାନ୍ତଙ୍କ ସଂଖ୍ୟା ଥିଲା ୬୬୫ ଓ ମୃତକ ୧୩। ୧୫.୪.୨୦୨୦ ରୁ ୩.୫.୨୦୨୦ ପର୍ଯ୍ୟନ୍ତ ୩ୟ ଲକ୍‌ଡାଉନ୍ ଘୋଷଣା ହେଲା। ସେତେବେଳେ ଭାରତରେ ସଂକ୍ରମିତଙ୍କ ସଂଖ୍ୟା ଥିଲା ୧୮.୯୫୦ ଓ ମୃତକଙ୍କ ସଂଖ୍ୟା ଥିଲା ୮୩୪। ୩୦.୧୦.୨୦୨୦ ବେଳକୁ ଭାରତରେ ଆକ୍ରାନ୍ତଙ୍କ ସଂଖ୍ୟା ହେଲା ୩କୋଟି ୪୨ ଲକ୍ଷ ୫୯ ହଜାର ୬୯୦ ଏବଂ ମୃତକଙ୍କ ସଂଖ୍ୟା ହେଲା ୪ଲକ୍ଷ ୫୭ହଜାର ୭୬୨। ତାହାପରେ ଏହା ଆସ୍ତେ ଆସ୍ତେ କମିଗଲା ଓ କରୋନା କଟକଣା ଉଠିଗଲା।

ପ୍ରାରମ୍ଭିକ ଅବସ୍ଥାରେ ଏହି ରୋଗର ଔଷଧ ବା ଇଂଜେକ୍‌ସନ୍ ନଥିଲା। ତେଣୁ ଭାରତରେ ସରକାରଙ୍କ ନିର୍ଦ୍ଦେଶରେ କେତେଲୋକ ଆୟୁର୍ବେଦ ଔଷଧ ଅଗସ୍ତ୍ୟ, ହରିତକୀ, ଆୟୁଷ-୬୪ ଏବଂ ରାଶିତେଲ ବ୍ୟବହାର କଲେ। କେତେକ ଗୋବର ଖାଇ ଗୋମୂତ୍ର ପିଇଲେ। ଗୋବର ଦେହରେ ବୋଳିହେଲେ। କେତେକ ହୋମିଓପ୍ୟାଥିକ୍‌ର Arsenic Album -30 ଖାଇଲେ। କେତେକ ଶିବଙ୍କୁ ପ୍ରାର୍ଥନା କଲେ।

"ପରକ୍ଷେତ୍ରେ ଚିକିତ୍ସୋୟଂ
ମହାମାରୀ ଭୟଙ୍କରଃ
ଭୀଷୟତି ଜନାନ୍ ସର୍ବାନ୍
ଭବତ୍ରାତା ମହେଶ୍ୱରଃ
ମୃତ୍ୟୁଞ୍ଜୟ ମହାଦେବଃ
କରୋନାଖ୍ୟା ବିଷାଣୁତଃ

ମୃତ୍ୟୋରପି ମହାମୃତ୍ୟୁ
ପାହି ମାଂ ଶରଣାଗତମ୍
ମାଂସାହାର ସମୁତ୍ପନୋ
ଜଗତ ସଂହାର କାରକାତ୍
କରୁଣଖ୍ୟା ବିଷାଣୋ ମାଂ
ରକ୍ଷ ରକ୍ଷ ମହେଶ୍ୱରଃ
(ଇତ୍ୟାଦି)

■

କିମିତି ଅଛ ?

ତ୍ରିଶୂଳ ଧାରୀ, ଅଛ କିପରି ?
ଦେହ ପା' ଭଲ ଅଛି କି ନାହିଁ ?
କେତେ ଦିବସ ପିଉଚ ବିଷ
ସଂସାର ଜନଙ୍କ ମଙ୍ଗଳ ପାଇଁ ?

ହେ ମଉକାଶୀ, ଶ୍ମଶାନ ବାସି
କାହିଁକି ଯନ୍ତ୍ରଣା ଏତେ ପାଉଚ
ନାହିଁ ତ ଗାଡି ବୃଷଭ ଚଢ଼ି
ବାଘ ଛାଲ ପିନ୍ଧି କେଣେ ଯାଉଚ ?

ସର୍ପର ମାଳା ମଣ୍ଡିଛ ଗଳା
ମଶାଣି ପାଉଁଶ ବୋଲି ହୋଇଚ
ନାହିଁ ତ କେହି ଭରସା ହୋଇ
ଚାରି ପାଶେ ଘେରା ପ୍ରେତ ପିଶାଚ

ଡମ୍ବରୁ ଧରି ଦୁର୍ଜନ ମାରି
ତାଣ୍ଡବ ନୃତ୍ୟର କେତେ ନାଚୁଚ
ଦେବ ଦାନବ ମର୍ତ୍ତ୍ୟ ମାନବ
ସମସ୍ତଙ୍କର ତ ସାହା ହେଉଚ

ଜଗତ ପାଇଁ ସକଳ ଦେଇ
ସୁଖ ସମ୍ପଦ ସବୁ ତ୍ୟାଗ କରିଚ
ପ୍ରବଳ ବିଷ ଜ୍ୱାଳାରେ କ୍ଲେଶ
ମସ୍ତକରେ ସଦା ପାଣି ଢାଳୁଚ
ତିନି ପୁରରେ ତୁମ ସମରେ
ନିର୍ଲିପ୍ତ କିଏ ସେ ପାରିବ ହୋଇ ?
ତ୍ରିଶୂଳ ଧାରୀ ଅଛ କିପରି ?
ଦେହ ପା'ଭଲ ଅଛି କି ନାହିଁ ?

...

କବିର ଅକବି ଭାର୍ଯ୍ୟା

ଦିନ ରାତି ଖାଲି ଲେଖୁଚ କବିତା
ବନୀତା ପଛକେ ଚୂଲୀକି ଯାଉ
ଶାଢ଼ୀ ଖଣ୍ଡେ ପାଇଁ କେତେ କହିଲିଣି
ଏ କାନେ ପୂରାଇ ସେ କାନେ ଫୁ ।

ସାମ୍ପୋ ଗୋଟେ ପାଇଁ କେବେଠୁ କହୁଚି
କାଲି କାଲି ବୋଲି ପୂରିଲା ମାସ
ଆଜି ମଧ୍ୟ ସେହି ସମାନ ଉତ୍ତର
ଆହୁରି କରିଛି କାଲିକି ଆଶ ।

ରାତି ତିନିଟାରେ ଆଲୁଅ ଲଗେଇ
ଖଣ୍ଡିଆ କଲମେ ରାମ୍ପୁଚ ବସି
ଆଖି ଯାଏ ଫୁଟି ଉଡ଼ିଯାଏ ଚୁଟି
ମିଳୁଚି କି ଗୋଟେ କଲରା କଷି ?

ରାତି ପାଠ ପଢ଼ା, ଅବଧାନ ଜଡ଼ା
ନିଜକୁ କାହିଁକି ଦେଉଚ ଶାସ୍ତି
ମାଙ୍କଡ଼ ପାଇଁକି ପୋଷାକ ବନାଅ
ନିଜ ଦେହ ପାଇଁ କପଡ଼ା ନାସ୍ତି ।

ବ୍ୟଙ୍ଗ କବି ଗୋଟେ ଦାଣ୍ଡରେ ଡେଉଁଚି

ବୁଢ଼ା ବେଙ୍ଗ ପ୍ରାୟେ ଛାଡୁଚି ରଡ଼ି
ଗୀତ ପଢ଼ି କିଏ ହସୁ କି ନ ହସୁ
ନିଜେ ପଢ଼ି ନିଜେ ଯାଉଛି ଗଡ଼ି।

ସାହିତ୍ୟ ସଭାରେ ସଂଯୋଜକ ହୁଏ
ନାଚି କୁଦି ନିଜ ଗୀତକୁ ଗାଏ
ତୁମକୁ ତ ବାସି ପାଣିରେ କିଏ ସେ
ପଚାରେନି ଅବା ପ୍ରାଇଜ୍ ଦିଏ।

ପିଲା କୁଟୁମ୍ବଙ୍କୁ ପୋଷିବ କିପରି ?
ତୁମ ଗତି ଦେଖି ଲାଗୁଚି ଡର
ଚିନ୍ତା ଧାରା ଭଲ, ମୁଣ୍ଡେ ନାହିଁ ତେଲ
କଣା ପକେଟକୁ ବାଲାନ୍‌ସ ଜୀରୋ।
...

ବ୍ୟାଖ୍ୟା-
ତୁମେ ତ କବି
ମୁହିଁ ତ କବି ବଧୂ
ଭୁଞ୍ଜେ ନିତି
ଆନନ୍ଦର ମଧୁ।
ଚାହେଁନି ଧନ ଚାହେଁନି ବଇଭବ
ତୁମେ ଯେ କବି
ସେଇ ମୋ ଗଉରବ ।
(ରାଧାମୋହନ ଗଡ଼ନାୟକ "କବି ବଧୂର ଗୌରବ")

ବାପା

ମନେ ପଡ଼େ ସେହି ପିଲାଦିନ କଥା
ଧୂଳିରେ ଧୂସର ହୋଇ
ମଝି ଦାଣ୍ଡଟାରେ ଡେଉଁଥିଲା ବେଳେ
କିଏ କାନ ମୋଡ଼ି ଦେଇ।

ବାଡ଼ି ଖଣ୍ଡେ ଧରି ଘୋଷାଡ଼ି ଆଣନ୍ତି
ମାଆକୁ ଦିଅନ୍ତି ଗାଳି
ପିଲାଟା ବୁଲୁଚି ରାସ୍ତାରେ ଘାଟରେ
ନଜର ରଖୁନ ବୋଲି।

ଆଉ କେବେ ପୁଣି କାନ୍ଧରେ ବସାଇ
ଯାତରା ବୁଲାନ୍ତି ନେଇ
ଖେଳଣା କିଣନ୍ତି ବେଲୁନ୍ ଆଣନ୍ତି
ଖୁଆନ୍ତି ମିଠେଇ, ଦହି।

ଇସ୍କୁଲରେ ଯାଇ ନାଁ ସେ ଲେଖାନ୍ତି
କିଣି ଦେଇ ବହି ଖାତା
ପାଠ ହେବା ପାଇଁ ଟିଉସନ ଖଞ୍ଜି
ମାଷ୍ଟ୍ରଙ୍କୁ ଦିଅନ୍ତି ଭତ୍ତା।

ଜର ରୋଗ ହେଲେ ଡାକ୍ତର ଡାକନ୍ତି
ଔଷଧ ଆଣନ୍ତି କିଣି
ନିତି ସଞ୍ଜ ବେଳେ ଗାଁ ନଈ କୂଳେ
ଦେଖାନ୍ତି ବଗ ଓ ବଣି ।

ଯେତେ ବଡ଼ ହେଲି ସେତିକି ପଢ଼ିଲି
ଉଚ୍ଚ ଶ୍ରେଣୀକୁ ମୁଁ ଗଲି
ଇସ୍କୁଲ ଛାଡ଼ିଲି କଲେଜ ମାଡ଼ିଲି
ନଲେଜ ବଢ଼ିବ ବୋଲି ।

କେତେ ଚଙ୍ଗ ଚଙ୍ଗ କେତେ ରଙ୍ଗଢ଼ଙ୍ଗ
କେବେ ବି ନ ହୋଇ ଖପ୍ପା
କେତେ ଚାନ୍ଦା ଭେଦା ସାଙ୍ଗ ମେଳ ଧନ୍ଦା
ପଇସା ଯୋଗାନ୍ତି ବାପା ।

ଇସ୍କୁଲ କଲେଜୁ ବିଶ୍ୱବିଦ୍ୟାଳୟୁ
ମାଳ ମାଳ ଡିଗ୍ରୀ ଧରି
ଚାକିରୀ କରିଲି ପଇସା ଅର୍ଜିଲି
ବାପା ଭଜୁ ଥିଲେ ହରି ।

କେବେ ନ ମାଗନ୍ତି ପଇସା ଗୋଟିଏ
ମୁଁ ତ କେବେ ଦେଇନାହିଁ
କ୍ରମେ ଖଟିଖଟି କାଠ ଅଣ୍ଟା ପିଠି
ନୀରବେ ପଡ଼ିଲେ ଶୋଇ ।

ବାପା ବୋଲି ଥରେ ଡାକି ଦେବା ମାତ୍ରେ
ଦଉଡ଼ି ଆସନ୍ତି ଯିଏ
ବାପା, ବାପା ବୋଲି କାନ୍ଦି ମୁଁ ଗଡୁଚି
ନ ଶୁଣନ୍ତି କିପାଁ ସିଏ ?

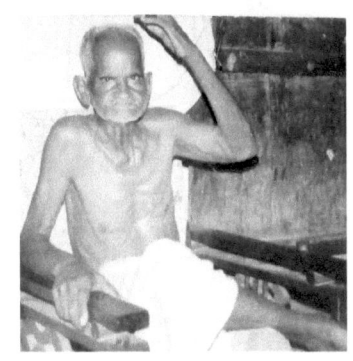

ବାପା ଥିଲାବେଳେ ବାପାର ମହିମା
ବୁଝି ନ ପାରିଲି କିଛି
ଆଜି ବାପା ନାହିଁ କାନ୍ଦେ କଇଁ କଇଁ
କିଏ ଦେବ ଲୁହ ପୋଛି ?

କ୍ଷମା କରିଦିଅ ଚାଲି ଆସ ବାପା
ବଡ଼ ଅକୃତଜ୍ଞ ମୁହିଁ
ଛାଡ଼ି ଦିଅ ନାହିଁ ସାରା ଜୀବନଟା
ଝୁରି ମରିବାର ପାଇଁ ।

ବ୍ୟାଖ୍ୟା :

ବାପା ହେଉଛନ୍ତି ଗଦ୍ୟ, ମା' ହେଉଛନ୍ତି ପଦ୍ୟ, ବାପା ହେଉଛନ୍ତି ପର୍ବତ, ମା' ହେଉଛନ୍ତି ନଦୀ । ବାପା ହେଉଛନ୍ତି ଗ୍ରୀଷ୍ମ, ମା' ହେଉଛନ୍ତି ବର୍ଷା । ପ୍ରଭେଦ ତ ରହିବ ନିଶ୍ଚୟ, କିନ୍ତୁ ସୃଷ୍ଟି ପ୍ରତି ଏ ଉଭୟର ଆବଶ୍ୟକତା ରହିଛି । ଗୋଟିଏ ସନ୍ତାନ ପାଇଁ ପିତା, ମାତା ଉଭୟଙ୍କର ଆବଶ୍ୟକତା ଗୁରୁତ୍ୱପୂର୍ଣ୍ଣ ।

"ମଣିଷ ମରେନା ମଶାଣି ଭୂଇଁରେ
ଜଳିଲେ ମଶାଣି ଜୁଇ
ମରେ ସେହିଦିନ ସ୍ମୃତିରୁ ଯେଦିନ
ହଜେ ଚିରଦିନ ପାଇଁ ।"

■

ଦାସିଆ ବାଉରୀ ଭଜନ

ଜପ, ତପ, ପୂଜା ପାଠ କରି ନାହିଁରେ
ଭଜନ କୀର୍ତ୍ତନେ ମନ ଭରି ନାହିଁରେ
ଅତି ମୁଁ ଦିନ ହୀନ
 ଅତି ଅଧମ ଜନ
ନାହିଁ ଅମାପ ଧନ
 ବିଦ୍ୟା ବୁଦ୍ଧି ବା ଜ୍ଞାନ
ଜଗା ପାଖକୁ ଯିବି ମୁଁ କିସ ନେଇରେ
ଏପରି ଜନମ ଦେଲୁ କାହିଁପାଇଁରେ ।

ସୁଆର ମହା ସୁଆର
 ରାନ୍ଧନ୍ତି କେତେ ପ୍ରକାର
ଷାଠିଏ ପଉଟି ଆସେ ଭୋଗ ହୋଇରେ
ପୂଜା ପଣ୍ଡା ପୂଜା କରେ
 ମନ୍ତ୍ର ଗାଇ ରେ ।

ବାରି ନଡ଼ିଆରୁ ଏକ
 ଦେବି ମୁଁ କଳା ଶ୍ରୀମୁଖ
ଶ୍ରୀଭୁଜ ବଢ଼ାଇ ନେବ ଭାବଗ୍ରାହୀରେ ।

ପତିତପାବନ ବାନା ଉଡ଼େ ତାହାର
ଦୀନବନ୍ଧୁ ଦୟାସିନ୍ଧୁ ରଙ୍ଗା ଅଧର
ଏ ଜୀବନ ଯାଉ ତା'ର
ନାମ ଗାଇରେ
ପିତା, ମାତା, ଭ୍ରାତା ବନ୍ଧୁ
ଅଟେ ସେହିରେ ।

■

ବ୍ୟାଖ୍ୟା :

ପୁରୀ ନିକଟବର୍ତ୍ତୀ ବାଲିଗାଁ ରେ ଦାସିଆ ବାଉରୀର ଘର । ସେ ଜଗନ୍ନାଥଙ୍କର ପରମ ଭକ୍ତ । ଥରେ ସେ ତା' ବାଡ଼ିରୁ ନଡ଼ିଆଟିଏ ତୋଳି ତାଙ୍କ ଗ୍ରାମର ଜଣେ ଲୋକଙ୍କ ହାତରେ ପୁରୀ ପଠାଇଲା । କହିଲା ବଡ଼ଦାଣ୍ଡରେ ଠିଆ ହୋଇ ଏଇଟାକୁ ନୀଳଚକ୍ର ଆଡ଼େ ଦେଖାଇ କହିଦେବ ବାଲି ଗାଁ ଦାସିଆ ବାଉରୀର ଏ ନଡ଼ିଆଟି ଗ୍ରହଣ କର ।

ଗ୍ରାମବାସୀଟି ସେପରି କରନ୍ତେ ହଠାତ୍ ନୀଳଚକ୍ରରୁ ଦୁଇଟି ହାତ ଲମ୍ବି ଆସି ନଡ଼ିଆଟି ନେଇ ଚାଲିଗଲା । ଏହା ଦାର୍ଢ୍ୟତା ଭକ୍ତି ଗ୍ରନ୍ଥର ବର୍ଣ୍ଣନା । ଭଗବାନଙ୍କ ରାଜ୍ୟରେ ଏପରି ଅନେକ କଥା ଘଟୁଥାଏ ଯାହାକୁ ଆମେ ତତ୍କାଳିକ କହୁ । ଭଗବାନ କଲେ ବୋଲି ଆମେ ଅନ୍ଧ ବିଶ୍ୱାସୀରେ ଗଣା ହେବା । ଉଉର ମାଡ଼େ ଆମେ ଏହାକୁ ଅନ୍ୟ ରୂପ ଦେଇ କିନ୍ତୁ କେହି ଜଣେ ନେକଥ୍ୟରେ ରହି ଏ ସବୁ କରୁଥାଏ ବୋଲି ଭକ୍ତ ବିଶ୍ୱାସ କରେ ।

ଗୌରହରି ମାଷ୍ଟ୍ରେ

ଦେଖ ଚାଲିଛନ୍ତି   ଗୌରହରି ମାଷ୍ଟ୍ରେ
ଧୋତି ଓ ପଞ୍ଜାବୀ ପିନ୍ଧି
କାନ୍ଧରେ ଗାମୁଛା   ଚଷମା ତେରେଛା
ଅଣ୍ଟାରେ ବଟୁଆ ବାନ୍ଧି ।

କପଡ଼ା ବସ୍ତାନୀ   କାନ୍ଧରୁ ଲମ୍ବିଛି
ଆଣ୍ଠୁ ତଳ ଯାଏଁ ଛୁଇଁ
ହାତେ ବଙ୍କା ବାଡ଼ି   ଧଳା କନା ଛତା
କୋଚଟା ଲଣ୍ଠନ ନେଇ ।

ଖାଉଥାନ୍ତି ପାନ   ବିଡ଼ି ଘନ ଘନ
ବେକରେ ତୁଳସୀ ମାଳି
ବସ୍ତାନୀ ଭିତରେ   ମାଟି ଉଠା ଚୂଲୀ
ଛୋଟ ଛୋଟ କାଠ ଛାଲି ।

ଯେଉଁଠି ରହିଲେ   ସେଇଠି ରାନ୍ଧିଲେ
ମୁଣାରୁ ସାମାନ କାଢ଼ି
ନିଜ ହାତେ ଧୋଇ ଡେକିଚି କଡ଼େଇ
ଡିଙ୍କି, ପିଠାପାତି ଯୋଡ଼ି ।

ମାସିକ ଦରମା   ପଞ୍ଚସ୍ତରୀ ଟଙ୍କା
ତାହା ଛ' ମାସକୁ ଥରେ।
ସେତିକି ଟଙ୍କାରେ   ସାତ, ଆଠ ପ୍ରାଣୀ
ତାକ ଧ୍ୱନି ନାରେ ନାରେ।

ସରକାରୀ କାମେ   ଢିଲା କେବେ ନାହିଁ
ପାଠପଢ଼ା, ରୋଗୀ ସେବା
ମାଗଣା ଔଷଧ,   ପଥ୍ୟ ପାଣି, ଖାଦ୍ୟ
ଲେମ୍ବୁ ଓ ମିଶିରି ଡବା।

ଇସ୍କୁଲ ପିଣ୍ଡାରେ   ଫଟା ଡେକିଚିରେ
ମାଷ୍ଟ୍ରେ ରାନ୍ଧୁଥାନ୍ତି ଭାତ
ଫୁଟାନ୍ତି ଡାଲମା   କି'ଦେବା ଉପମା
ଚତୁର୍ଦ୍ଦିଗ ମହକିତ।

କି ଦିବ୍ୟ ମସଲା   ତାହାରେ ପକାନ୍ତି
ଅମୃତ ସମାନ ଲାଗେ
ଥରେ ଯିଏ ପିଏ ମୋହ ଲାଗିଯାଏ
ନିତି ନିତି ଆସି ମାଗେ।

ମାଷ୍ଟ୍ରେ ଏକଦିନେ   ଇସ୍କୁଲ ଗମନେ
ଭେଟି ଭେଟି ଗାଁ ଲୋକ
ଖଣ୍ଡେ ଦୂରେ ଯାଇ ମୁଣ୍ଡ ଝାଇଁ ଝାଇଁ
ଫେରିଲେ ବୁହାଇ ପିକ।

ଦାଣ୍ଡ ଘରେ ଆସି   ଖଟରେ ଗଡ଼ିଲେ
ସାହା, ଭରସା କେ ନାହିଁ
ରାତ୍ରି ଶେଷ ଯାମେ ଗଲେ ଦିବ୍ୟ ଧାମେ
କୁଟୁମ୍ବ ଭସାଇ ଦେଇ।

ସକାଳେ ଶ୍ମଶାନେ ଗଲେ ଅବଧାନେ
କୋକେଇ ବିମାନେ ବସି
କାଠର ଶେଯରେ ଶୋଇଲେ ଖଞ୍ଜରେ
ନିଆଁ ପକାଇଲା ଗ୍ରାସି।

ଅମର ଧାମରେ ଚାଲିଗଲେ ମାଷ୍ଟ୍ରେ
ଦେବତା ମେଳରେ ଶୋଭା
ଦିବ୍ୟ ସିଂହାସନ ଦିବ୍ୟ ଫୁଲବନ
କି' ଉପମା ତାକୁ ଦେବା।

ଯେଉଁଠାବେ ଥାଅ ଭଲେ ଥାଅ ମାଷ୍ଟ୍ରେ
ଆଶୀର୍ବାଦ ପଡୁ ଝରି
ଆମେ ଯେତେ ସବୁ ମର୍ତ୍ତ୍ୟର ପାଷାଣ୍ଡ
ନିତି ହେଉଥିବୁ ଝୁରି।

ବ୍ୟାଖ୍ୟା:-

"କବି ସେ ସତ ମିଛ କରି କହନ୍ତି
କବିତା ଚାତୁରୀରେ ମନ ମୋହନ୍ତି।"
(ଦୀନକୃଷ୍ଣ ଦାସ, ରସ କଲ୍ଲୋଳ)

କବି ବା ଲେଖକ ଯାହା ଲେଖନ୍ତି ସେ ସବୁ ସମ୍ପୂର୍ଣ୍ଣ ମିଥ୍ୟା ନୁହେଁ କି ସମ୍ପୂର୍ଣ୍ଣ ସତ୍ୟ ନୁହେଁ। ଏହା ସତ୍ୟ ମିଥ୍ୟାର ମିଶ୍ରଣ। ଗୌରହରି ମାଷ୍ଟ୍ରେ ସେହିଭଳି ଏକ ଚରିତ୍ର। ଯଦି କେହି ପାଠକ ଏହି କବିତାଟିକୁ ଦୟା ପୂର୍ବକ ପାଠ କରନ୍ତି ତାଙ୍କ ମନରେ Oliver Goldsmith ଙ୍କର Village School Master କବିତାଟି ଉଦୟ ହୋଇପାରେ। ଧ୍ୟାନ ପୂର୍ବକ ପାଠକଲେ ଜାଣିବେ ଯେ ଏହି ଦୁଇଟି କବିତା ମଧ୍ୟରେ କୌଣସି ସାମଞ୍ଜସ୍ୟ ନାହିଁ।

Goldsmithଙ୍କର Village School Master ଥିଲେ Goldsmithଙ୍କର ପିଲାବେଳର ଶିକ୍ଷକ ଥୋମାସ୍ ବାଇରନ୍। ଏହା ଅନୁମାନ ସାପେକ୍ଷ। ଯେପରି ଫକୀର ମୋହନଙ୍କ ଡାକ ମୁନିସି ଗଳ୍ପର Post Master ହେଲେ ତାଙ୍କ

ପୁଅ ଅଧ୍ୟାପକ ମୋହିନୀ ମୋହନ ସେନାପତି ଏବଂ ହରି ସିଂହ ହେଲେ ନିଜେ ଫକୀର ମୋହନ ସେନାପତି। ବୃଦ୍ଧ ବୟସରେ ଫକୀର ମୋହନଙ୍କୁ କଟକ ଘରୁ ବାଡ଼େଇ ବାହାର କରି ଦେଇଥିଲେ ମୋହିନୀ ମୋହନ। ଦୋଷ ହେଲା ସେ ବିଲ ବିକି ବହି ଛାପୁଥିଲେ। ସେ ବହି କେହି ନ କିଣିବାରୁ ମାଗଣା ବାଣ୍ଟୁଥିଲେ।

Goldsmithଙ୍କର Village School Master Jack of all trades, master of none. ସେ ପିଲାଙ୍କ ପ୍ରତି କଠୋର ଓ କୋମଳ। ସେ ଗଣିତ କଷି ପାରନ୍ତି, ପାଣିପାଗ ଅନୁମାନ କରି ପାରନ୍ତି। ପ୍ରବଳ ଯୁକ୍ତି ତର୍କ କରି ପାରନ୍ତି। ଗୋଟିଏ ଛୋଟିଆ ମୁଣ୍ଡରେ ଏତେ ଜ୍ଞାନ ଦେଖି ଗ୍ରାମବାସୀ ଆଶ୍ଚର୍ଯ୍ୟ ହୋଇଯାଆନ୍ତି, ଭୟ ଭକ୍ତି କରନ୍ତି।

କିନ୍ତୁ ଗୌରହରି ମାଷ୍ଟ୍ରେ ଏକ ଭିନ୍ନ ଚରିତ୍ର। ପଢ଼ିଲେ ଜାଣିବ।

■

ଭଲ ବୋଉ

ଆଈକି ଡାକନ୍ତି   ବୋଉ ବୋଉ ବୋଲି
      ତାଙ୍କ ନିଜ ଝିଅ ଦୁଇ
ବୋଉ ମାନେ ନିଜ ପିଲାଙ୍କୁ ପିଟନ୍ତି
      ମନା କରୁଥାଏ ଆଈ ।

ତେଣୁ ଆମେ ତାକୁ ଭଲ ବୋଉ ଡାକୁ
      ଭଲ ତା'ପରି କେ ନାହିଁ
ସକାଳରୁ ସଞ୍ଜ   ହୁଏ ଦହଗଞ୍ଜ
      ପାଇଟିରେ ଘାଣ୍ଟି ହୋଇ ।

ଘଣ୍ଟା ଘଣ୍ଟା ପୂଜା   ପିଠିକରି କୁଜା
      ଘଣ୍ଟ ଘଣ୍ଟି ଟିଣି ଟିଣି
କେତେ ଓଷାବ୍ରତ   ଉପାସ ହବିଷ୍ୟ
      ଭଜନ ବଜାଇ ଗିନି ।

ତୁଳସୀର ମାଳା   ଲମ୍ବିଥାଏ ଗଳା
      କପାଳେ ଚନ୍ଦନ ଚିତା
ଭାଗବତ ପଢ଼ି   ଲୁହ ଯାଏ ଗଡ଼ି
      ନିଜେ ବକ୍ତା ନିଜେ ଶ୍ରୋତା ।

ଆଜି ଭଲ ବୋଉ   ବଞ୍ଚିନାହିଁ ଆଉ
ବିଳାପ କରଇ ମନ
କାନ୍ଦି କାନ୍ଦି ମରେ   ନିତି ନିତି ଝୁରେ
ଲୁହର ଶ୍ରାବଣେ ଲୀନ।

ବ୍ୟାଖ୍ୟା :

ମା'ମାନେ ପିଲା ଦୁଷ୍ଟହେଲେ ଗାଳି ଗୁଲଜ କରନ୍ତି, ପିଟା ମରା କରନ୍ତି କିନ୍ତୁ ଜେଜେ ମା' କିମ୍ବା ଆଇମାନେ ସେପରି କରନ୍ତି ନାହିଁ। ତେଣୁ ସେମାନେ "ଭଲବୋଉ"। ଅବଶ୍ୟ ବୋଉ (ମା')କୁ ସେମାନେ ମନ୍ଦ ବୋଉ ବୋଲି କହନ୍ତି ନାହିଁ।

ଏ କବିତାର "ଭଲବୋଉ" ହେଉଛନ୍ତି ମା'ର ମା ଅର୍ଥାତ୍ ଆଇ। ଘରକାମ ଓ ପୂଜା ପାଠରେ ତାଙ୍କର ଦିନ ବିତିଯାଏ। ନାତି ନାତୁଣୀଙ୍କ ପ୍ରତି ସେ ସ୍ନେହର ଝରଣା। କେହି ତାଙ୍କୁ ପଚାରୁ କି ନ'ପଚାରୁ ଗଣ୍ଡେ ଖାଇ ଖଣ୍ଡେ ପିନ୍ଧି ସେ ପୁରାଣ ପଢ଼ି ସମୟ କଟାଇ ଦିଅନ୍ତି। ମୃତ୍ୟୁ ପରେ ବିସ୍ମୃତିର ଗର୍ଭରେ ଲୀନ ହୋଇ ଯାଆନ୍ତି। ଯଦି ତାଙ୍କ ବଂଶରେ କେହି ଲେଖକ ବା କବି ବାହାରେ, ତେବେ ସେ ତାଙ୍କୁ ଅତୀତର ଅନ୍ଧକାରରୁ ଆଣି ସାହିତ୍ୟ ମର୍ଯ୍ୟାଦା ଦିଏ, ଅମର କରିଦିଏ।

■

BLACK EAGLE BOOKS

www.blackeaglebooks.org
info@blackeaglebooks.org

Black Eagle Books, an independent publisher, was founded as a nonprofit organization in April, 2019. It is our mission to connect and engage the Indian diaspora and the world at large with the best of works of world literature published on a collaborative platform, with special emphasis on foregrounding Contemporary Classics and New Writing.

www.ingramcontent.com/pod-product-compliance
Lightning Source LLC
Chambersburg PA
CBHW060613080526
44585CB00013B/809
* 9 7 8 1 6 4 5 6 0 7 1 3 7 *